W0088418

Freunde. Freundinnen. Freundschaft.
Ein Lesebuch

© SVEN PAUSTIAN

Arnd Brummer, geboren 1957,
ist geschäftsführender Herausgeber
und Chefredakteur des evangelischen
Monatsmagazins chrismon. In der
edition chrismon veröffentlichte
er zahlreiche Erzählungen und gab
mehrere Anthologien heraus.

Arnd Brummer (Hg.)

Freunde.
Freundinnen.
Freundschaft.

Ein Lesebuch

edition ✢ chrismon

Inhaltsverzeichnis

Vorwort des
Herausgebers   6

Augustinus
**Der Traum von der
Kommune**   8

Thommie Bayer
Mein Freund Nils   10

Arnd Brummer
Peter und Paul   16

Marcus Tullius Cicero
**Kein besseres Geschenk
der Götter**   26

Matthias Claudius
Schonung unerwünscht   29

Anne Frank
**Eigentlich fehlt mir
nichts, ausgenommen die
Freundin**   33

Manuela Fuelle
Die Kutschfahrt   36

Klaas Huizing
Das Simeon-Syndrom   44

Kerstin Klamroth
Der Bücherfreund   52

Adolph Knigge
**Freundschaft ist
nichts für weichgekochte
Seelen**   68

Else Lasker-Schüler
An meine Freunde   78

Michel de Montaigne
Frauen ausgeschlossen   81

Friedrich Nietzsche
**Schön ist's, mit einander
schweigen**   84

Ursula Ott
Keine beste Freundin   87

Charlotte von Schiller
**Besorgt für alles, was wir
lieben**   92

Friedrich Schiller
Die Freundschaft   95

Adalbert Stifter
**Freund statt
Spießgeselle**   99

Henry D. Thoreau
**Die Zeit soll unsere
Freundschaft pflegen**   100

Ludwig Tieck
**Ein Umweg zum
Freund**   102

Ernst Toller
**Ein Freund starb in
der Nacht**   125

Textnachweis   **127**

Arnd Brummer

Vorwort

Freund – kein anderer Begriff aus dem Kosmos menschlicher Beziehungen wird derzeit häufiger und heftiger missbraucht. Eine flüchtige Spur im weltweiten Netz, die jemand zu einem anderen ahnt, reicht aus, um zu behaupten: Wir sind Freunde!

Selbst der geniale Initiator des großflächigen Missbrauchs, der Facebook-Gründer Mark Zuckerberg, hat eingeräumt, dass die „Friends" auf seiner Plattform nicht mehr als einen Spitznamen für „flüchtige Bekanntschaft" tragen: „Facebook hilft, mit Leuten in Kontakt zu bleiben, die wir auch im echten Leben kennen. Mehr nicht. Wer glaubt, dass jeder Facebook-Kontakt ein Freund ist, der weiß nicht, was Freundschaft bedeutet." Freunde sitzen zusammen in froher Runde, essen, trinken, lachen, plaudern und hören einander zu – letzteres nicht immer, aber doch oft genug.

Mit meinem leider früh verstorbenen Vater habe ich mich ständig über das Thema „Freundschaft" unterhalten. Eine seiner bevorzugten Formeln lautete: „Einem Kameraden hilft man, einem Kollegen misstraut man, mit einem Freund ist man heiteren Herzens." Das Ziel, das wir mit diesem Buch verfolgen, entspricht dem ziemlich exakt: heiteren Herzens sein. In großer historischer Weite kommen Cicero, Augustinus, Montaigne, Schiller und Nietzsche mit ihren Einsichten und Ansichten über Freundschaft ebenso zu Wort wie zeitgenössische Autorinnen und Autoren. Letztere erzählen Geschichten, in denen die Vielfalt der Freundschaften sich spiegelt.

Freundschaften sind wie Boote auf einem See. Alle helfen über fremde Wasser, aber keines gleicht dem anderen. Dort rudern zwei Gestalten, in Tun und Schweiß vereint. Drüben segeln Freunde oder lassen sich gemeinsam treiben. Freundinnen auf einem Floß plätschern mit den Beinen im Wasser.

Und wie sieht Ihre Idee von Freundschaft aus? Die Frage ist in der Regel Auftakt zu einem wirklichen Kennenlernen. Wenn Sie, liebe Lesenden, mit diesem Band zur Reflexion Ihrer Idee vom Freundsein finden, wären wir ziemlich erfreut.

Anregung und Unterhaltung wünscht Ihnen in aller Freundschaft

Augustinus

Der Traum
von der Kommune

Wir, eine zahlreiche Freundesschar, die die Turbulenzen und Beschwerlichkeiten des menschlichen Lebens herabwünschten, hatten den Gedanken bewegt und besprochen und beinahe schon beschlossen, fernab vom Trubel in Ruhe zu leben. Diese Muße wollten wir so zustande bringen, dass wir das, was wir haben könnten, in unserer Mitte zusammentrügen und aus alldem ein Privatvermögen machten. So würde durch die aufrichtige Freundschaft nicht das eine diesem und das andere jenem gehören, sondern aus allem sollte eines werden und das Ganze würde den Einzelnen und allen alles gehören. Wir sahen, dass wir etwa zehn in einer solchen Gemeinschaft sein könnten...

Wir hatten beschlossen, es sollten in jährlichem Wechsel je zwei sich als Verwalter um alles Notwendige kümmern, während die Übrigen Ruhe hätten. Aber nachdem der Gedanke aufgekommen war, ob auch die Damen das dulden würden – einige von uns hatten bereits eine Frau, andere wollten eine haben –, da zerrann in unseren Händen das Ganze, was gefallen hatte und so wohl ausgedacht war, zerbrach und wurde abgetan.

Lebens- und Lerngemeinschaften unter Freunden stellt für die meisten hellenistischen Philosophenschulen das Ideal. Auch Kirchenvater **Augustinus** (354-430) hegt und pflegt diesen Traum der in der Regel mönchischen Kommune. Viele Freunde Augustins sind namentlich bekannt, Licentius, Nebridius, Alypius, er zeichnet sie psychologisch feinfühlig und ist besorgt um ihr Seelenheil. Die Mutter seines Sohnes, mit der er 13 Jahre im Konkubinat lebte, ist namentlich hingegen nicht überliefert. Die im o.a. Text erzählte Idee trieb den etwa 30-jährigen Augustinus in Mailand um. Er verwirklicht sie erst einige Jahre später mit neuplatonischen Gesinnungsgenossen auf einem Landgut in der Nähe des Comer Sees und später – zum Christentum seiner Kindheit zurückgekehrt, in einer Kloster-Gemeinschaft in Hippo Regius (heute: Algerien).

Thommie Bayer

Mein Freund Nils

Nils war frecher als ich. Und er war mutiger. Ob es darum ging, mit dem Paternoster im Arbeitsamt über den höchsten Punkt zu fahren oder darum, heruntergefallene Bonbons vor einer Süßwarenhandlung in der Königstraße zu schnappen, oder in der Wilhelma, dem Stuttgarter Zoo, die Münzen aus den Brunnen zu fischen, er hatte nicht nur immer die Ideen dazu, er ging auch immer drauflos, ohne sich um meine Bedenken zu scheren.

Meinen Einwand vor dem Paternoster zum Beispiel, die Kabinen könnten sich oben drehen und andersherum wieder runterfahren, schmetterte er ab mit den Worten: „Dann kommen wir halt auf dem Kopf wieder runter", und stapfte los, als der Kabinenboden mit dem Fußboden gleichauf lag. Auf den Gedanken, einen Blick auf die Kabinendecke zu werfen, um zu sehen, ob sie eventuell auch ein Boden sei, kamen wir beide nicht. Für den Ingenieurberuf waren wir wohl nicht geboren.

Nils' Vater war Verleger. Darunter konnte ich mir nichts vorstellen. Berufe, die nicht das Tragen einer Uniform erforderten, interessierten mich damals nicht. Mein Vater war Lehrer. Was die tun, wussten wir, aber interessiert hat es uns ebenso wenig.

Wir waren neun Jahre alt in diesem Juni neunzehnhunderteinundsechzig, es war heiß, und wir badeten im Eugensbrunnen, das heißt, wir kühlten uns nur ab, zum richtigen Baden war der Brunnen nicht groß genug, und irgendein Passant hätte sicher die Polizei gerufen, wenn wir zu lange in unseren Unterhosen darin herumgeplantscht hätten.

Wir hatten Nachmittagsunterricht gehabt bis fünfzehn Uhr und getrödelt, und jetzt war es Zeit, nach Hause zu fahren, sonst würde uns beiden ein Donnerwetter drohen. Ich fürchtete mich nicht so sehr, weil mein Vater an diesem Tag nicht zuhause sein würde und der Erziehungsstil meiner Mutter eher schimpforientiert als prügelorientiert war. Auch Nils schien mir allenfalls die Unbequemlichkeit eventueller Vorwürfe zu fürchten, nichts Schlimmeres. Er fragte einen Passanten nach der Uhrzeit – es war zehn nach vier –, ich bot ihm an, ihn noch zur Straßenbahnhaltestelle zu begleiten, dann würde es mir noch zum Sechzehn-Uhr-zweiunddreißig

reichen. Meine Züge fuhren immer zwölf, zweiunddrei-
ßig und zweiundfünfzig. Mein Angebot war als Witz
gedacht gewesen, denn vom Eugensbrunnen zur Halte-
stelle waren es etwa vierzehn Meter.

Seine Straßenbahn kam, er ließ sie raus und sagte,
er begleite mich noch zum Bahnhof. Wir rasten die
Treppen hinunter, die in Stuttgart Staffeln heißen, und
waren kurz vor halb am Bahnhof. Ich hatte Seitenste-
chen, denn wir waren die letzten paar hundert Meter
gerannt.

Als wir vor dem roten Triebwagen auf Gleis vier
standen, sagte Nils, es wäre nur gerecht, wenn ich ihn
jetzt auch noch zur Straßenbahn begleiten würde. Das
fand ich auch. Ich käme ohnehin zu spät, ob ich nun
eine Stunde oder eineinhalb Stunden zu spät wäre –
darauf kam es nicht mehr an. Ich würde den Zweiundfünfzig nehmen.

Eine Bahn ließ er noch raus – wir wollten uns einfach
nicht trennen –, sein Angebot, er könne mich noch mal
zum Bahnhof begleiten, nahm ich aber nicht an. Ich
wartete, bis er die nächste Bahn genommen hatte und
ging zurück.

Sechzehn-Uhr-zweiundfünfzig fuhr nicht. Jetzt bekam ich doch ein mulmiges Gefühl. Meine Mutter rech-

nete um etwa Viertel nach vier mit mir, und jetzt würde es sechs Uhr werden. Eine Stunde zu spät kommen konnte ich noch mit Ausreden abfedern, aber zwei?

Siebzehn-Uhr-zwölf fuhr. Aber nur bis Stuttgart-Untertürkheim. Dann wurden alle Fahrgäste in Busse verfrachtet, und es ging über die Landstraße weiter. Sehr langsam. Die Straße war voll mit Krankenwagen der amerikanischen Armee und des Roten Kreuzes, Lastwagen der Bundeswehr und Polizeifahrzeugen. Jetzt hatte ich zum Glück meine Ausrede – ich brauchte nur das Ganze von einer Stunde Verspätung auf zwei Stunden auszudehnen und wäre aus dem Schneider.

Hinter Esslingen-Mettingen, dort, wo die Bahnschienen direkt am Neckar entlanggehen, stauten sich die Bundeswehrfahrzeuge und Krankenwagen, Blaulichter kreisten auf den Autodächern und eine Menschenmenge stand teils schweigend am Straßenrand und rannte teils helfend zu den beiden zerschmetterten und gequetschten, ineinander verkeilten und entgleisten Zügen, beugten sich zu leblosen Körpern, legten lebende auf Bahren und trugen sie eilig zu den Krankenwagen. Zwei Waggons lagen halb im Fluss und bildeten ein V.

Meine Mutter kam mir auf der Straße entgegen. Sie war mit Migräne im Bett gelegen, als eine Nachbarin geklingelt und gesagt hatte, sie solle das Radio einschalten. Sie trug den Bademantel meines Vaters und war mit der Nachbarin gegangen, um dort zu telefonieren. Sie nahm mich in die Arme und weinte. Ich brauchte keine Ausrede.

Fünfunddreißig Tote und sechsunddreißig Schwerverletzte hieß es am nächsten Tag in der Zeitung. Sechzehn-Uhr-zweiunddreißig war frontal auf einen entgegenkommenden Zug geprallt, dessen Lokführer zwei Haltsignale überfahren hatte. Wieso, konnte man ihn nicht mehr fragen.

Zwei Jahre später wechselte ich die Schule und wir verloren uns aus den Augen. Heute weiß ich nicht mal, was Nils für einen Beruf ausübt. Aber ich weiß, dass er mein erster bester Freund war und dass die Idee, den Sechzehn-Uhr-zweiunddreißig rauszulassen, von ihm kam.

Thommie Bayer, geboren 1953, widmete sich nach dem Kunststudium der Musik. Er malt und tourte einige Jahre als Musiker und Liedermacher („Der letzte Cowboy kommt aus Gütersloh"). In den 1980ern entdeckte er das Schreiben – und er schreibt unermüdlich: Romane, Kurzprosa, Drehbücher, Gedichte. 1992 erhielt er den Thaddäus-Troll-Preis. Zuletzt erschienen seine Romane „Vier Arten, die Liebe zu vergessen" und

„Die kurzen und die langen Jahre" sowie in der edition chrismon

sein Kinderbuch „Baby an Bord", illustriert von Uli Gleis.

Arnd Brummer

Peter und Paul

Ich – sein Freund? Unmöglich. Schluss! Es musste endlich vorbei sein. Freundsein? Mit ihm? Ob ich es jemals war? Ich wusste es nicht. Und ich wollte es auch nicht mehr wissen.

Freund! Wie sich das schon anhörte! Wie sich das las: Freund! Peinlich. Sagt doch jeder, immer und überall. Freund! Ein unglaubwürdiges, sinnentleertes Zeichen für den zutiefst verlogenen Versuch, Nähe vorzuspiegeln, wo keine ist. Diese Parteitage, zu deren Eröffnung ein Vorsitzender die „lieben Parteifreunde" ansprach! Hinter den Kulissen machte der Scherz die Runde, was denn die Steigerung von „Feind" sei: Feind, Todfeind, Parteifreund. Gilt auch für Bergfreunde, Sportsfreunde und Gartenfreunde. Dann schon lieber die alte Sponti-Weisheit bemühen: Morgens einen Joint und der Tag ist dein Freund.

Freund! Seiner jedenfalls auf gar keinen Fall.

Als wir Schulfreunde dereinst gewesen sein sollen,

hätte ich sein Spiel schon durchschauen müssen. Wir waren Teenager. Ich exponierte mich, machte aus meiner linken politischen Haltung keinen Hehl. Ich trug eine Castro-Mütze, Jeans, Stiefel und einen olivgrünen, mit zahlreichen Sprüchen beschriebenen Parka. Ich ging an die Grenzen. Ja, gut – ich war nicht der Einzige.

Und er – mein… mein… Freund? Er hatte eine Mähne wie Jimmy Hendrix und einen Papa mit einem großen Haus. Und der war ausgezogen. Scheidung. Und die Mutter? Lehrerin an unserer Schule – immer im Dienst. Sturmfreie Bude also, wie man das in den 70ern nannte. Wie er hieß? Paul hieß er. Und ich? Peter! Einladung zu Billigscherzen. Moni von den katholischen Mädchen meinte, unsere Namensgebung sei paradox. Ich sei Paul, der labernde Rumtreiber. Und er der eigentliche Peter mitsamt einem Vatikanersatz. Säle, Luxus – herrschaftlich. Moni hatte einen guten analytischen Blick.

Moni war die Klassefrau in der Obertertia, auf die nicht nur ich ein Auge geworfen hatte. Mir gelang es, sie und ihre engste Freundin Rosi für einen gemeinsamen Freibadbesuch zu gewinnen. Und Paul? Mit dabei. Rosi und ich scherzten, machten Blödsinn, gingen ein Eis holen. Paul lag schweigend auf seinem Handtuch und las im Mathebuch wegen einer Klassenarbeit am nächsten Tag. Schweigen konnte Paul perfekt. Er grinste sparsam mit seinen dunkelbraunen Augen. Kurz, knapp, aufwandsarm. Dann wandte er sich wieder den wichtigen Dingen des Lebens zu. Mathebüchern zum Beispiel.

Rosi und ich verquatschten uns mit dem Eisverkäufer. Als wir an unseren Platz auf der Wiese am Pool zurückkehrten, fehlte nichts – außer Paul und Moni. Er hatte sie…! Ist doch klar! Wahrscheinlich in der Umkleidekabine. Ich war fix und fertig.

Rosi auch. Das hat sie mir am Abend verraten, nachdem wir versucht hatten, Paul rauszuklingeln. Wir sahen Licht in seinem Fenster. Und wir hörten Santanas „Samba Pa Ti", „Oye Como Va" und „Black Magic Woman" durch Fenster und Mauern. Geöffnet wurde uns nicht, soviel wir auch klopften, klingelten und riefen. „Zu Abraxas mit Moni vögeln", zischte Rosi, „das reicht!" Mir reichte es auch. Wir gingen ins Old Freddy's Pub und nahmen einen Johnny oder zwei oder drei.

Am nächsten Tag in der großen Pause rempelte mich Paul an: „Du, Peter! Lass uns über die Straße gehen und eine rauchen." Weiß Gott warum, aber ich willigte ein und wir latschten zum Kiosk an der Ecke. „Es ging nicht von mir aus", sagte Paul. Moni habe den Vorschlag gemacht. Er hätte nicht Nein sagen wollen und können. „Ich fand sie plötzlich auch klasse. Und jetzt sind wir eben... Ich hoffe, wir bleiben Freunde!"

Tja, nun.

Es blieb nicht das einzige Mal, dass er ein von mir mitgebrachtes Mädel zu der Seinen machte. Und es blieb nicht das einzige Mal, dass er mir anbot, Freunde zu bleiben. Und wir blieben es. Frage mich niemand, warum.

Nach dem Abi zog ich nach Berlin. Eine oberscharfe Zeit in den 70ern. Ich führte die Trotzkisten an der Freien Universität. Als sich die Bewegung spaltete, gründete ich die Kaminewisten in der philosophischen Fakultät, benannt nach Nikolai Kaminew, neben Trotzki ein weiteres prominentes Opfer des Stalinismus. Eine kleine Truppe waren wir, kaum ein Dutzend Leute. Martin, Soziologe und mit von der Partie, machte mich mit Inge bekannt. In der Mensa. Beim Pinkeln raunte er mir zu: „Die ist wie du! Die quatscht auch am liebsten."

Das war mein Image: Der Peter quatscht gerne. Aha. Kein Mann der Tat! Jawoll. War ja nicht ganz falsch. Hatte ich gerade am Wannsee erfahren. Da saß ich mit Gerti auf einer Bank. Die ich am liebsten abgeknutscht hätte. Gerti natürlich, nicht die Bank! Und was tat ich?

Redete über Montaignes Essais. Bis sie aufstand und sagte: „Ich muss zur U-Bahn."

Und nun Inge. Während wir den unsäglichen Mensafraß in uns reinwürgten, fragte sie, was ich denn von Bucharin hielte? Tja, ein großes Thema. War er nun der Ökonom, den der Sozialismus dringend gebraucht hätte oder nicht? War er ein Freund Lenins? Und: War es Stalins größter Fehler, dass er ihn hatte ermorden lassen?

Irgendwann, so gegen vier Uhr am Nachmittag kam eine Mensa-Liesl an unseren Tisch und fragte, ob uns nicht aufgefallen sei, dass wir inzwischen alleine im Raum säßen. Nein, war uns nicht aufgefallen. Inge schlug vor, bei ihr im Zimmer weiter zu quatschen, sei nur 'ne Viertelstunde Fußweg. „Und ich koch uns einen tollen Tee aus Indonesien."

Ihr Zimmer! Bücher, Bücher, Bücher. Viele davon: meine Bücher! Das habe ich und das und das auch! Ich stand vor dem Regal wie ein Irrer. Irgendwann nachts, als wir uns aneinander kuschelten, fragte mich Inge, woher ich käme. Hegau, sagte ich, Singen am Hohentwiel. „Und da hast du auch Abi gemacht?" Klar. 74 war das. „Das ist ja komisch. Peter aus Singen, Abi 74. Saukomisch!" Sie brüllte und fiel in einen Lachanfall.

„Lass mich raten", japste sie nach Luft, „du warst Schul-sprecher!" Schrilles Kichern. Ich: „Ja, war ich." Und dann erzählte sie mir ihre Geschichte.

Sie war erst zu diesem Wintersemester von Stuttgart nach Berlin gewechselt. Und in Stuttgart hatte sie, für den Schuldienst, neben ihrem Hauptfach Geschichte Mathe studiert. Einer ihrer Kommilitonen hieß Paul, kam aus Singen. Der Paul! Ich wollte es nicht glauben.

„Sah ganz witzig aus, der Paul. Schwarze Mähne, dunkle Augen, Vollbart. Wenn er mich anschaute, das war schon scharf. Der konnte einen anschauen! Flirten ohne ein einziges Wort. Semesterfete in unserem Fach-bereich. Wir tanzten. ‚The Pusher‘ von Steppenwolf, Stehblues. Und dann küssten wir uns. Und dann spürte ich seine Zunge. Und dann war's um mich geschehen. Eine heiße Nacht. In seiner Bude. Irgend so eine WG auf den Fildern. Als wir aufgewacht waren und wir noch mal Spaß gehabt hatten, sah ich mich um. Kein einziges Buch war in dem Raum! Nur ein paar Ordner mit Zeug vom Studium, eine geniale Stereo-Anlage und Mengen von LPs. Und ich fragte ihn, ob er denn keine Bücher habe. Doch, habe er. Nur nicht hier. In Singen im Haus seiner Mutter. Und was für Bücher? Er zuckte mit den Schultern. Naja. Karl May, Hesses ‚Steppenwolf‘ und noch ein paar Romane. Mhhm. Schweigen. Und seine Finger bekrabbelten mich. Aber ich wollte nicht mehr.

Wir gingen frühstücken. Ziemlich schweigend. Er fragte mich nichts. Und meine Fragen wurden höchst knapp beantwortet. Nur die dunklen Augen funkelten mich an."

Kurzum: Es war der Paul meiner Jugend, der Albtraum eines Freundes. Inge erkannte an meinem Blick, dass mir manches von dem, was sie erzählte, nur zu bekannt war und mich – ja, zum Teufel – schmerzte. „Traurig, mein Süßer? Keine Sorge, das Beste kommt noch!"

Paul, erzählte die schöne Inge mit den keltisch grünen Augen, hatte Feuer gefangen. Sie fand Geschenke vor ihrer Zimmertür. Mal eine LP, mal ein Blümchen. Und ein paar Mal machten sie noch Liebe. Aber dann ließ Inge ihn wissen, er sei zwar charmant, aber einfach nicht ihr Typ. Ihre Themen, von Epikur bis zu Montaignes Essais, von Kants Ethik bis Tucholskys Satiren, seien nun mal offenbar nicht die seinen. Sie liebe es, im Bett wie beim Frühstück, in der S-Bahn oder beim Essen in der Mensa mit denen zu diskutieren, die ihre Nächsten seien. Paul grinste. Halb traurig, halb sarkastisch. Dann sagte er: „Kannst du gerne machen. Mit allen. Ich bin nicht eifersüchtig. Ich will nur eine Beziehung mit dir." Er hatte sie nicht verstanden. „Das gehört für mich zu einer Beziehung! Das ist Teil ihres Kerns!" Er schüttelte den Kopf.

Inge: „Und dann fiel der Name Peter, dein Name. Er kenne da so einen Typen, der sei wie ich. Mein Freund Peter, sagte er. Der quatscht und quatscht und quatscht. Über Gott und die Welt. Der ist ganz anders als ich. Und dennoch sind wir engste Freunde. Er nahm eure Freundschaft als positives Beispiel für eine gelingende Verbindung zweier unterschiedlicher Typen."

Freunde! Ich erzählte ihr meine Version. Mit all den Mädels, die er mir weggeschnappt hatte. Und sie? Sie streichelte meine Wange und lächelte mich an. Es stimme ja, meinte sie, Paul habe einen verführerischen Blick, habe warme Hände und wisse, was er wolle. Aber sie sei nicht Moni. „Ich bleibe bei dir, wenn du möchtest. Du bist mein Freund fürs Leben."

Das ist jetzt mehr als dreißig Jahre her. Wir haben gerade unser erstes Enkelkind bekommen. Und zur Taufe haben wir Paul eingeladen. Mit Elli, seiner Frau, die Pfarrerin ist und unseren kleinen Marc getauft hat. Elli hat schön gepredigt. Und Inge meinte, mit der könnte sie sich eine Freundschaft gut vorstellen.

Beim nachmittäglichen Spaziergang hat Elli Inge erzählt, was sie an Paul so schätze: „Wenn ich nach einer Synode oder einer Sitzung des Kirchenvorstands nach Hause komme, dann ist da Friede, Ruhe, Harmonie. Paul redet nicht auf mich ein. Er macht nette Musik an, kocht mir was, bringt mir ein Tässchen Tee." Und Inge antwortete: „Wenn ich von der Uni komme, nach einem Seminar mit Studierenden, die mit meinen Themen wieder mal gar nichts anfangen konnten, dann ist da Peter. Er redet mit mir. Er versteht mich, meine Gedanken und Texte interessieren ihn. Und wir quatschen bei einem Gläschen Rotwein bis in die Puppen."

Und Paul? Als ich ihn fragte, wie es mit Elli so sei: „Gut." Und noch mal: „Sehr gut sogar!" Elli wisse, was der Kern ihrer Beziehung sei, und „das langt mir". Dann schlug er vor, „endlich auf unsere alte Freundschaft anzustoßen. Ich habe dir auch deine Lieblingsplatte von Steppenwolf mitgebracht. Ich mochte ‚The Pusher' und du ‚Born to be wild'. Und heute hören wir beides. Auf uns, mein alter Laberkönig!"

Auf uns, alter Fummler! Mein Freund! Ja, er ist es. Ist es wieder? Ein neuer, ein alter? Egal! Und ich bin seiner. Auf uns! „Und auf unsere Mädels!"

Arnd Brummer, geboren 1957, ist Gründer und Chefredakteur des evangelischen Magazins „chrismon". Von 1987 bis 1991 arbeitete er als politischer Korrespondent für Tageszeitungen in Bonn, danach war er Chefredakteur des „Deutschen Allgemeinen Sonntagsblattes" in Hamburg. Brummer ist Autor und Herausgeber zahlreicher Bücher, auch literarischer, und ein gefragter Redner und Diskussionspartner.

Marcus Tullius Cicero

Kein besseres Geschenk der Götter

In der Tat ist die Freundschaft nichts anderes als die Übereinstimmung in allen göttlichen und menschlichen Dingen, zusammen mit Wohlwollen und Liebe; außer ihr kenne ich – abgesehen von der Weisheit – nichts Besseres, was dem Menschen von den unsterblichen Göttern geschenkt wurde. Die einen ziehen den Reichtum vor, andere eine gute Gesundheit, andere Macht, wieder andere ehrenvolle Ämter, viele auch die Wollust: Letzteres ist Sache der Tiere, das vorher Genannte ist vergänglich und ungewiss, hängt es doch nicht so sehr an unseren Entschlüssen, sondern an der Launenhaftigkeit des Schicksals. Diejenigen aber, die das höchste Gut auf die Tugend setzen, tun dies vortrefflich. Gerade diese Tugend ist es aber, die Freundschaft erzeugt und erhält, und es kann ohne Tugend Freundschaft auf keine Weise sein. ...

Was gibt es Angenehmeres, als jemanden zu haben, mit dem du dich über alles so zu reden traust wie mit dir selbst? Wie groß wäre für dich der Genuss im Glück, wenn du nicht einen hättest, der sich daran genauso freut wie du selbst? Unglück aber zu ertragen wäre schwierig ohne einen, der es sogar noch schwerer nimmt als du. Die übrigen Dinge schließlich, die man sich wünscht, dienen jeweils nur einem Zweck: Reichtum, um ihn zu nutzen; Macht um der Verehrung willen; ehrenvolle Ämter um des Lobes willen; Lustbarkeiten, um sich daran zu erfreuen; Gesundheit, um von Schmerz frei zu sein und die körperlichen Dinge verrichten zu können. Die Freundschaft hingegen vereinigt die meisten Dinge; wohin du dich auch wendest, sie ist zugegen; sie ist von keinem Ort ausgeschlossen; niemals kommt sie ungelegen, nie fällt sie zur Last. ...

Ich rede übrigens jetzt nicht von gewöhnlicher oder mittelmäßiger Freundschaft, obschon auch sie erfreut und nützt, sondern von der wahren und vollkommenen Freundschaft, wie sie nur wenigen zuteil wurde, die man nennen kann. Denn die Freundschaft macht sowohl die glücklichen Dinge glänzender wie die unglücklichen durch Teilnahme und Anteilnahme leichter.

Marcus Tullius Cicero (106 v. Chr. - 43 v. Chr.), Politiker, Anwalt, Schriftsteller und Philosoph, der berühmteste Redner Roms und Konsul im Jahr 63 v. Chr., von seinen politischen Gegnern brutal ermordet, wurde sehr kontrovers rezipiert. Stefan Zweig nannte ihn den ersten Anwalt der Humanität und letzten Anwalt der römischen Freiheit; im deutschsprachigen Raum war der Einfluss Ciceros in den evangelischen Gebieten relativ schwach. Laelius de amicitia („Laelius über die Freundschaft") schrieb Cicero 45/44 v. Chr. „als Freund für den Freund" Atticus. Idealtypisch treten Scipio und Laelius als wahre Freunde auf. Der Dialog endet mit dem Lob der virtus - Tugend als Grundlage wahrer Freundschaft.

Schonung unerwünscht

Ich habe dir in der vorigen Lektion die Feindschaft er-
klärt, und wie man dazu gelangen könne, und wann
ein ehrlicher Kerl sie nicht scheuen müsse. Heute von
der Freundschaft.

Von der spricht nun einer: sie sei überall; der andre:
sie sei nirgends; und es steht dahin, wer von beiden am
ärgsten gelogen hat. Wenn du Paul den Peter rühmen
hörst; so, wirst du finden, rühmt Peter den Paul wieder,
und das heißen sie denn Freunde. Und ist oft zwischen
ihnen weiter nichts, als dass einer den andern kratzt,
damit er ihn wieder kratze, und sie sich so einander
wechselweise zu Narren haben; denn, wie du siehst,
ist hier, wie in den vielen andern Fällen, ein jeder von
ihnen nur sein eigner Freund und nicht des andern.
Ich pflege solch Ding „Holunder-Freundschaften" zu
nennen. Wenn du einen jungen Holunderzweig an-
siehst, so sieht er fein stämmig und wohlgegründet
aus; schneidest du ihn aber ab, so ist er inwendig hohl

und ist so ein trocken schwammig Wesen darin. So ganz rein gehts hier freilich selten ab, und etwas Menschliches pflegt sich wohl mit einzumischen; aber das erste Gesetz der Freundschaft soll doch sein: dass einer des andern Freund sei.

Und das zweite ist, dass du's von Herzen seist und Gutes und Böses mit ihm teilest, wie's vorkömmt. Die Delikatesse, da man den und jenen Gram allein behalten und seines Freundes schonen will, ist meistens Zärtelei; denn eben darum ist er dein Freund, dass er mit untertrete und es deinen Schultern leichter mache.

Drittens lass du deinen Freund nicht zweimal bitten. Aber, wenns Not ist und er helfen kann; so nimm du auch kein Blatt vors Maul, sondern gehe und fodre frisch heraus, als ob's so sein müsste und gar nicht anders sein könne.

Hat dein Freund an sich, das nicht taugt; so musst du ihm das nicht verhalten und es nicht entschuldigen gegen ihn. Aber gegen den dritten Mann musst du es verhalten und entschuldigen. Mache nicht schnell jemand deinen Freund, ist ers aber einmal, so muss ers gegen den dritten Mann mit allen seinen Fehlern sein. Etwas Sinnlichkeit und Parteilichkeit für den Freund scheint mit zur Freundschaft in dieser Welt zu gehören.

Denn wolltest du an ihm nur die würklich ehr- und liebenswürdigen Eigenschaften ehren und lieben, wofür wärst du denn sein Freund; das soll ja jeder wildfremde unparteiische Mann tun. Nein, du musst deinen Freund mit allem, was an ihm ist, in deinen Arm und in deinen Schutz nehmen; das Granum Salis versteht sich von selbst, und dass aus einem edlen kein unedles werden müsse.

Es gibt eine körperliche Freundschaft. Nach der werden auch zwei Pferde, die eine Zeitlang beisammenstehen, Freunde und können eins des andern nicht entbehren. Es gibt auch sonst noch mancherlei Arten, und Veranlassungen. Aber eigentliche Freundschaft kann nicht sein ohne Einigung; und wo die ist, da macht sie sich gern und von selbst. So sind Leute, die zusammen Schiffbruch leiden und die an eine wüste Insel geworfen werden, Freunde. Nämlich das gleiche Gefühl der Not in ihnen allen, die gleiche Hoffnung und der eine Wunsch nach Hülfe einigte sie; und das bleibt oft ihr ganzes Leben hindurch. Einerlei Gefühl, einerlei Wunsch, einerlei Hoffnung einigt; und je inniger und edler dies Gefühl, dieser Wunsch und diese Hoffnung sind, desto inniger und edler ist auch die Freundschaft, die daraus wird.

Aber, denkst du, auf diese Weise sollten ja alle Menschen auf Erden die innigsten Freunde sein? Freilich wohl! und es ist meine Schuld nicht, dass sie es nicht sind.

Postskript. Es gibt einige Freundschaften, die im Himmel beschlossen sind und auf Erden vollzogen werden.

Elf Kinder musste **Matthias Claudius** (1740-1815) ernähren. Das bedeutete für den Pfarrerssohn, der sich als Dichter und Journalist durchschlug, eine fast durchgängig prekäre Lebenssituation, in der Freunde vermutlich bisweilen notwendig waren. Claudius studierte Theologie, später Rechts- und Verwaltungswissenschaft, lernte Friedrich Gottlieb Klopstock kennen und arbeitete als Redakteur bei den Hamburgischen-Adreß-Comtoir-Nachrichten, wø er in Kontakt mit den Aufklärern Johann Gottfried Herder und Gotthold Ephraim Lessing kam. Ab 1771 arbeitete er für den „Wandsbecker Bothen". Unter diesem Titel veröffentlichte er auch nach Einstellung der Zeitschrift. Seine bekannteste Dichtung ist „Der Mond ist aufgegangen".

Eigentlich fehlt mir nichts, ausgenommen die Freundin

Samstag, 20. Juni 1942

… Papier ist geduldiger als Menschen. Dieses Sprichwort fiel mir ein, als ich an einem meiner leicht-melancholischen Tage gelangweilt am Tisch saß, den Kopf auf den Händen, und vor Schlaffheit nicht wusste, ob ich weggehen oder lieber zu Hause bleiben sollte, und so schließlich sitzen blieb und weitergrübelte. In der Tat, Papier ist geduldig. Und weil ich nicht die Absicht habe, dieses kartonierte Heft mit dem hochtrabenden Namen „Tagebuch" jemals jemanden lesen zu lassen, es sei denn, ich würde irgendwann in meinem Leben „den" Freund oder „die" Freundin finden, ist es auch egal. Nun bin ich bei dem Punkt angelangt, an dem die ganze Tagebuch-Idee angefangen hat: Ich habe keine Freundin.

Um noch deutlicher zu sein, muss hier eine Erklärung folgen, denn niemand kann verstehen, dass ein Mädchen von dreizehn ganz allein auf der Welt steht. Das ist auch nicht wahr. Ich habe liebe Eltern und eine Schwester von sechzehn, ich habe, alle zusammengezählt, mindestens dreißig Bekannte oder was man so Freundinnen nennt. Ich habe einen Haufen Anbeter, die mir alles von den Augen ablesen und sogar, wenn's sein muss, in der Klasse versuchen, mit Hilfe eines zerbrochenen Taschenspiegels einen Schimmer von mir aufzufangen. Ich habe Verwandte und ein gutes Zuhause. Nein, es fehlt mir offensichtlich nichts, außer „die" Freundin. Ich kann mit keinen von meinen Bekannten etwas anderes tun als Spaß machen, ich kann nur über alltägliche Dinge sprechen und werde nie intimer mit ihnen. Das ist der Haken. Vielleicht liegt dieser Mangel an Vertraulichkeit auch an mir. Jedenfalls ist es so, leider, und nicht zu ändern. Darum dieses Tagebuch.

Um nun die Vorstellung der ersehnten Freundin in meiner Phantasie noch zu steigern, will ich nicht einfach nur Tatsachen in mein Tagebuch schreiben wie alle anderen, sondern ich will dieses Tagebuch die Freundin selbst sein lassen, und diese Freundin heißt: *Kitty.*

Annelies Marie „Anne" Frank, geboren am 12. Juni 1929
in Frankfurt am Main, gestorben Anfang März 1945
im KZ Bergen-Belsen, wanderte 1934 mit ihren Eltern in die
Niederlande aus, um der Verfolgung durch die Nationalsozialisten zu entgehen. Die Familie hielt sich in einem Hinter-
haus in Amsterdam versteckt.
Zum dreizehnten Geburtstag bekam Anne ein Tagebuch
geschenkt. Das Tagebuch, dem sie den Namen Kitty gab, wurde
zu ihrer besten, weil einzigen Freundin während der Zeit im
Versteck. Heute ist es eines der wichtigsten Dokumente aus der
Zeit des NS-Diktatur. Es wurde in mehr als sechzig Sprachen
übersetzt, Millionen Menschen haben es gelesen.

Manuela Fuelle

Die Kutschfahrt

Es war nun schon eine herbstliche Stimmung, besonders an den Abenden. Ich setzte meine Mütze auf und
zog die wärmste Jacke an, die ich dabei hatte. Also, die
andere. Dann lief ich eilig hinunter, um dir zu begegnen,
im Flur, im Treppenhaus oder draußen auf dem Hof. Der
Hof war leer. Nur der Wind war da, trieb mich und die
ersten Blätter vor sich her und mühte sich mit den
schweren Wolken ab. Ich lief hinüber zu den Ställen
und. Wenn es nun regnete, dachte ich, aber in diesem
Augenblick langte der Arm der Abendsonne durchs
Laub der Bäume.

Du hattest einen australischen Regenmantel für
mich besorgt, der lange in der Sattelkammer gelegen
hatte und muffig nach Keller roch. Den legen wir unter
die Rücksitze für alle Fälle. Alle drei schauten wir nach
oben, auch Lenz, der Kutscher. Lenz war eigentlich
Pferdepfleger. Wir halfen ihm morgens beim Ausmisten
der Ställe und grüßten ihn freundlich gegen Mittag,

wenn wir reiten oder essen oder spazieren gingen, während er die nächste Schubkarre über den Hof schob. Er lachte dann offen, und wir starrten erschrocken in seinen zahnlosen Mund. Vielleicht fehlten ihm nur zwei oder drei Vorderzähne, aber manchmal erinnert man sich stärker an das Dunkel, die Leere, den Verlust. Bei seinem Mund ging es mir jedenfalls so. Ich starrte in ihn hinein und fragte mich, wie das alles zusammenpassen sollte. Lenz war kein Greis, sondern gerade mal vierzig oder so, und sein kastanienbraunes Haar glänzte im warmen Herbstlicht.

Dann rannten wir alle kreuz und quer über den Hof. Lenz holte das neue Geschirr und Zaumzeug, du den Gaul, und ich lief ins Gasthaus an die Theke wegen der Getränke. Welche Sorte Bier Lenz denn trinke, fragte ich. Lenz trinke überhaupt kein Bier, war die Antwort. Der hat seit Jahren kein Bier mehr getrunken. Also schön, sagte ich, dann ein Sechserpack. Immerhin hatte Lenz sich Bier gewünscht, dann sollte es jetzt auch Bier sein. Es war die Jungfernfahrt. Nicht für die Kutsche selber, aber für den neuen Besitzer. Lenz hatte sich diese Kutsche gekauft – ich will nicht wissen, worauf er sonst noch hatte verzichten müssen – und heute Abend sollte die erste Ausfahrt sein. Auch für uns war es die erste Ausfahrt, hier und überhaupt. Du und ich, wir beide auf einer solchen Kutsche. Lenz, Lenz, Lenz, wollte ich rufen und lachen, aber ich verstaute ganz ruhig das Bier unter dem Sitz und dann sah ich dich an, stumm, denn du hattest einen ganz gewöhnlichen Namen und Lenz war hier nur der Knecht.

Es dauerte, bis wir loskamen. Der Besitzer des Gasthofes stellte sich ein und kontrollierte Zaumzeug, Geschirr und alles. Er hatte die Verantwortung für Gäste, Pferd und Wagen, aber auch für Lenz, der scheinbar ein Idiot war. Er musste sehr laut mit ihm sprechen, laut und hart. Allein diese Sache machte das Warten noch anstrengender, als es ohnehin war. Dafür konnten wir später auf folgende Fotos blicken: du vor der türkisfarbenen Kutsche, ich auf der türkisfarbenen Kutsche, und am Ende wir beide oben auf. Wie die Herrschaft sitzen wir da. Ich trage helle Lederhandschuhe und du deinen Seidenschal.

Kein Bier auf dem Kutschbock, rief Lenz nach hinten, das könne einem schnell den Führerschein kosten. Doch später biegen wir ab und stoßen auf die Neue an. Seine dunklen Augen blitzten stolz, als er sich umdrehte. Der Rauch seiner Zigarette, gehalten von drei gelben Fingern, wehte mich an. Seht da, die Rehe! Sein Arm zeigte in die Richtung. Er wies auf die Rehe wie auf sein Wild, zeigte uns die Wiesen und Felder, als wäre es sein Land, wies uns an, tiefer durchzuatmen, und wir zwinkerten uns zu und taten, was er uns sagte. Wir saßen angelehnt und bestaunten die Landschaft. Der Wind strich nun sanft über unsere Gesichter. Waren das Regentropfen? Unser Blick stach kurz in den schweren Himmel. Dann lauschten wir wieder den Pferdehufen und Lenz. Und ihr, wo kommt ihr her? Ach, aus demselben Stall wie ich. Lautes Gelächter. Da kennt ihr doch sicher die Ecke und die. Meine arme Mutter. Die las morgens in der Bild-Zeitung, was wir am Tag vorher alles fürn Mist verzapft hatten. Wir haben die Zeitung öfter versteckt vor ihr. Einmal hab ich fast ein Turnier beendet, bin mit dem neuen Dobermann mitten auf den Dressurplatz gerannt. Peinlich. Eine Schlagzeile mehr. Und jetzt, jetzt muss ich bei drei Weibern durchkommen. Das ist die Hölle, sag ich euch. Töchter großziehen, das ist für einen Mann die Hölle, also für einen, der was auf Tradition hält, einen, der die Hosen anhat, bei dem es zuhause noch seine Ordnung hat. Ihr versteht, ich bin ein Mann vom alten Schlag, was ich auch meiner Frau von Anfang an gesagt habe. Mit modernen Vorstellungen brauchst du mir nicht zu kommen, hab ich ihr gleich gesagt. Sie musste nie arbeiten gehen, kümmert sich um die Wäsche und die Küche. Trotzdem, war nicht einfach. Und die Töchter, hör mir auf! Diese dummen Ziegen. Ich frage mich nur, was hab ich falsch gemacht bei denen. Dickschädel sind das. Die Älteste hat lieber eine Lehre angefangen anstatt ihr Abitur zu machen, und die Jüngste sucht eine Lehrstelle im Hotelwesen. Womit haben wir das verdient, frage ich mich. Lenz, was hast du falsch gemacht. Lautes Gelächter. Der Gaul im Schritttempo, dafür nahm der Kutscher an Fahrt auf.

Meine Frau und ich, wir haben uns zwei Jahre an der Abendschule gequält, gelernt, bis uns die Augen zufielen, müsst ihr wissen, um das Abitur nachzuholen. Den Töchtern hätten wir alles ermöglicht, Studium und alles, aber die werfen uns das Abi vor die Füße. Ehrgeiz vererbt sich nicht, was solls, lieber Lenz, sage ich zu mir selber. Diese Dickschädel sollten es einmal besser haben, aber die pfeifen drauf. Zigarette? Auch gut, ihr beiden aus demselben Stall. Habt ihr Kinder? Ach so. Kurzes Innehalten. Der Gaul schnaubt vernehmlich. Ist euch kalt? Wenn es kalt wird, dann nehmt die Decke. Links von uns lagen nun die abgemähten Wiesen. Weiter entfernt jagte ein Hund über sie. Viele Hasen hier. Ein Rastplatz, wir rasten später. Eine kleine Allee mit

Obstbäumen links und rechts. Wir biegen gleich wieder auf den Feldweg, dort bei den Weiden. Da halten wir mal. Der Geruch von Heu, Pferd und Bier. Auf deine Kutsche, auf diese schöne Ausfahrt! Wir stiegen aus und bewunderten die Kutsche. Prost! Und Hauptsache gesund! Wir setzten uns auf zwei quer liegende Baumstämme am Wegrand und verteilten ein paar Äpfel unter uns und den Gaul. Und die Sonne ging und teilte die letzte Wärme des Spätsommers aus, gebeugt legte sie ihre goldenen Lichtfelle zwischen uns und die Regenwolken.

Es läuft selten so, wie man es sich wünscht, sagte einer von uns. Und meistens hat man es auch nicht verdient. Wir nickten alle drei stumm. Zwei Töchter sind anstrengend, aber vier. Wir hatten später noch ein Mädchen, das ist nach sechs Monaten einfach eingeschlafen, im Schlaf gestorben, gibt es ja. Ein Jahr später, noch eines, wieder ein Mädchen. Wir dachten, jetzt wird alles gut. Da bekam das Neugeborene plötzlich hohes Fieber. Nach zwei Tagen Krankenhaus gab man sie uns mit. Es war die Zeit der Heuernte, wie jetzt, da denk ich immer dran. Jedenfalls, kaum zuhause, ging es wieder los. Einundvierzig Grad Fieber und mit Hubschrauber in die große Klinik. Um neun Uhr abends haben wir sie den Ärzten gegeben und um zwei Uhr nachts kam der Chefarzt raus und sagte, sie hätten sich nach Kräften bemüht, aber das Kind sei leider verstorben. Etwas muss übersehen worden sein. Der Chefarzt will ein nussgroßes Loch in der Niere übersehen haben. Das gibt's doch nicht, das glaub ich dem heute noch nicht. Und dann erzählte Lenz davon, wie er verstand sich zu rächen. Und davon, wie alles nichts half, nicht mal Rache. Zigarette? Wir rauchten dann alle drei. Schweigsam blickte die Landschaft auf uns, unsere Gesichter, angestrahlt von einem zornig wirkenden glühenden Himmel, der sich bald völlig verdunkeln würde.

Wir stiegen wieder auf. Die Kutsche fuhr an. Es begann zu nieseln, ganz leicht. Jeder von uns hielt das Gesicht so, dass der Nieselregen es kurz mal kühlen konnte, denn etwas von dem Fieber des Kindes war in uns hineingekrochen und steckte noch in uns. Der Gaul lief wie aufgezogen Richtung Stall. Wir sahen den Kirchturm, den guten Nachbarn des Hofes, von Ferne. Du und ich, wir beide sprachen nie über diese Geschichte, aber wir beide hatten auf der Kutschfahrt den Moment, in dem Freundschaft entsteht, erlebt. Was damals folgte, war ein Händedruck zum Abschied über einer Pfütze, später hastiges Winken in strömendem

Regen. Wir sahen Lenz nie wieder – er wollte übrigens auswandern.

Manuela Fuelle, geboren 1963 in Ost-Berlin, lebt in Freiburg. Nach einer Verkäuferlehre und einer Ausbildung zur Diakonin studierte sie evangelische Theologie und arbeitete als Religionslehrerin. Am Studio Literatur und Theater der Universität Tübingen studierte sie Literarisches Schreiben. Die Genres ihrer Wahl sind Gedicht, Erzählung, Roman und Essay. „Fenster auf, Fenster zu" ist der Titel ihres hochgelobten Romandebüts von 2011.

Klaas Huizing

Das Simeon-Syndrom

Eine. Zwei. Drei. Vier Humorstufen.

Auf der fünften Stufe rutschte ich aus.

Malte war schon immer etwas sonderbar. Begrub in Kindertagen Anfang Juni jeden Maikäfer, der in den Schuhschachteln trotz der Luftlöcher nicht überlebt hatte, zusammen mit einem seiner Lieblings-Matchboxautos unter den Forsythien-Sträuchern neben dem Fischteich. „Mit diesen Kisten fahren sie in die Unterwelt, verstehst du?" Ich hörte damals von ihm zum ersten Mal von der Unterwelt, in diesem weichen Tonfall, den er durch die Pubertät rettete, ich kannte bisher nur den calvinistischen Himmel. Dort gab es keine Matchbox-Autos. Da war ich mir absolut sicher.

Wir umarmten uns heute, als würden wir raufen. So konnte ich mein Zittern unterdrücken und seinen Hunger nach Berührung stillen, obwohl sein Bademantel und mein Daunenanorak jede Bewegung filterten. Die verkrüppelten Sätze, die ich mir ausgedacht hatte, verschlangen sich ineinander. Ich summte nur eine Tonfolge. Stammelte mit den Fingern. Probierte eine Geste der Annäherung, die gegen den Luftzug nicht ankam.

„Händel. Du liebst immer noch Händel. Ich habe hier einen Bekannten, der ist Händel-Spezialist. Ich stelle ihn dir nachher vor, wenn du magst. Aber lass uns ins Café reingehen, dein Atem macht sehr alberne Rauchzeichen." Seit zwei Monaten hinkte er auf eine tänzelnde Art.

„Dein Freund hat manchmal einen echten Vogel", sagte meine Mutter, als ich sie damals bat, die zwei dicken Schorfpusteln, die sich auf die Einstichstellen der Pockenschutzimpfung gebildet und jetzt gelöst hatten, in ein Taschentuch zu packen, damit Malte sie später unter dem Mikroskop untersuchen konnte. Maltes Mutter war gegen die Reihen-Impfung gewesen und hatte sich ein Attest für ihren Sohn besorgt. Monatelang nannte Malte meine großen Impfnarben Orden der Forschung. Jahre später, als wir nach einem Squash-Spiel in der Sauna waren, musterte er sie plötzlich eingängig, rief zwei Frauen hinzu, um die erhabene Form der Narben zu preisen. Eine der Frauen verliebte sich in meine Narben. Vierzehn Jahre hielt die Liebe. Zum Ende hin waren die Narben nahezu verblasst.

„Kleine Geschenke erhalten die Freundschaft. Ja. Ja. Ein peinlicher Satz, ich weiß, was du denkst, aber mit der Peinlichkeit ist es wie mit der Spießigkeit: Man muss sie akzeptieren. Sonst verkrampft man. Wirkt trottelig. Dann zeig mal die Fotos."

Es war ein herrlicher Spleen, den er in den Zwanzigern kultivierte. „Ich kann mich nur in Frauen verlieben, die Hannah heißen. Mein Körper will es so. Ich habe es immer wieder versucht, aber mein Geschlecht wird sehr schnell müde, wenn sie nicht Hannah heißen. Gislinde, Dora, Sabine, alles probiert, ich entspanne mich dann frühzeitig, diese Lendenlahmheit ist auf die Dauer für beide Seiten nicht befriedigend. Aber mit jeder Hannah entdeckt mein Körper die Levitation neu. Stundenlanges Fliegen." Ob es auch hinreiche, wenn Hannah der zweite oder sogar dritte Vorname sei, wollte ich wissen. Er schaute mich mit einem besorgten Blick an, als sei ich von Sinnen. Malte heiratete nie. Auch keine Hannah. Er wolle niemandem Schmerz bereiten, sagte er in einem Nebensatz. Es gebe sehr zivilisierte Methoden, seine Sexualität leise zu leben. „Und bevor du fragst: Wir Perinatalmediziner bringen hinreichend Kinder verfrüht auf die Welt. Offenbar denkst auch du so, denn du hältst dich ja ebenfalls merklich zurück.

Viele Affären, no kids." Ich nickte nur. Danach traf ich ihn für viele Jahre, da er lange in den USA lebte und lehrte, regelmäßig auf Kongressen. Wir fremdelten nie, wenn wir uns wiedersahen. Etwas gehetzt wirkte er, das ja. Seine Zunge überholte sich manchmal beim Sprechen. Kein Grund zur Besorgnis.

Als wir das kleine Café, das zur Klinik gehörte, betraten, standen wie auf ein geheimes Kommando hin drei der Gäste auf und sangen: „Aber bitte mit Sahne." Malte hob die Hände, kreiste zwei Mal mit den Hüften, verbeugte sich dann tief. Ein leichter Schwindel klopfte bei mir an, ich schüttelte unmerklich den Kopf, um diese Szene wegzuwischen. „Die sind schlicht, aber goldig", flüsterte Malte. Man muss sie mögen. „Eine süße Freak-Show. Der Chefarzt hat mir hier den Arztkittel verboten, deshalb trage ich immer diesen weißen Bademantel über meinem Anzug. Prompt halten mich alle für Udo Jürgens." Ich musste mich zwingen, nicht verstohlen auf die Uhr zu schauen. „Udo lebt", brüllte ein Mann mit schlohweißen Haaren. „Nach seinem plötzlichen Tod musste ich mich mit Zustimmung meiner Kollegen ans Klavier setzen. Rührend, das alles. Es war sehr festlich. Mochtest du den Jürgens?" Mein Körper zuckte nur mit den Schultern.

Mitte der Nuller Jahre, Malte war inzwischen Oberarzt an einer Klinik in Bielefeld, wurde er frühzeitig von einem freiwilligen Einsatz in Afrika zurückgeschickt. In einem Militärhospital wurde sein Trauma behandelt. Als ich ihn dort aufsuchte, war ich erschrocken. Seine Gesichtszüge waren gebrochen. Und als Malte meinen Schrecken sah, verstopfte die Scham seine Stimme. Drei Monate später war er wieder der Alte. Wir feierten seine Auferstehung, wie er es ironisch nannte. Wir feierten drei Tage. „Wenn ich doch an den Neugeborenen erkennen könnte, wer künftig zum Schlächter wird, dann würde ich in Zusammenarbeit mit einem Staatsanwalt eine Sicherheitsverwahrung anordnen! Kindersoldaten! Schlächter. Frag nicht!" Schräg. Selbstredend. Sehr schräg. Aber er war wieder der Alte.

Vor vier Jahren wurde Malte, zwei Wochen nach einer Ehrenpromotion in Uppsala, für sechs Wochen als Chefarzt am Klinikum rechts der Isar beurlaubt. Offenbar seit drei Jahren hatte er eine Frau mit Anrufen belästigt, weil er in ihrem sehr viel zu früh geborenen Jungen deutliche Anzeichen für eine frühe spirituelle Reife glaubte entdeckt zu haben. Zunächst hatte sich die Frau geschmeichelt gefühlt, dann hatte sie zunehmend nervös und verärgert reagiert, schließlich auf Unterlassung geklagt. Malte gelobte Besserung. „Du warst doch nie religiös. Wieso spuken solche Ideen in dir herum?" Er schüttelte die Hände aus, als habe sich dort der Spleen festgesetzt. Dann lächelte er müde: „Uns hilft nur noch ein neuer Anfang. Glaube mir. Wir rasen ins Unglück. Ich habe es mit eigenen Augen gesehen. Kinder als Schlächter." Ich tastete nach einer Antwort, fand sie aber nicht.

Seit sechs Monaten lebt Malte jetzt in einer Spezialklinik. Er war rückfällig geworden, hatte Müttern Angst eingejagt, ihre Kinder könnten zu Mördern werden, zwei Mütter sollten ihre Töchter besonders achtsam umsorgen, sie seien sehr wahrscheinlich Heilige. Auf seinem Computer fand man tausende Säuglingsfotos, die alle bewertet und kommentiert waren. Ich habe zornig reagiert, ihn angeschrien, ihn kräftig geschüttelt, aber seine Augen blieben ganz milde, sein Mund ein schmaler Strich, dann habe ich ihm meine Hand um den Nacken gelegt und meine Stirn hart gegen seine Stirn gestoßen. So blieben wir lange stehen. Als wir uns lösten, hatte jeder einen ganz roten Fleck auf der Stirn. „Wir sehen aus wie Einhörner, die man operiert hat." Ich nickte. „Meine Kollegen haben meine Forschungsrichtung Simeon-Syndrom genannt, nach dem Alten aus dem Neuen Testament, der in Jesus den Heiland entdeckt. Mir wäre lieber, man hätte sich auf Malte Recktenwald-Syndrom geeinigt, dann wäre ich wenigstens unsterblich, ich bin leider, leider etwas eitel. Frag mich bitte nicht, woran ich erkenne, wie sich die Kinder entwickeln, meine Ergebnisse sind leider noch störanfällig." Mein erster Besuch endete mit einem Kopfschütteln und einen Boxschlag auf den Oberarm.

Jetzt war es mein vierter Besuch. Die drei vom Nebentisch erhoben sich wieder, klatschten rhythmisch und forderten eine Zugabe: „Udo, Udo, Udo." Malte erhob sich, schaute jetzt sehr streng. „Auf der Weihnachtsfeier in vier Wochen. Und jetzt Ruhe, bitte." In diesem „bitte!" hatte sich seine alte Autorität gespeichert. Er setzte sich, drückte meine Hand. „Endlich kann ich lange schlafen. Ich habe dieses frühe Aufstehen und die Nachtschichten im Krankenhaus immer gehasst." Seine kühle, saubere Hand half mir, das Gespräch auf neueste Forschungen zu lenken, die ich ihm schickte und die er gewissenhaft studierte. Während der Zeit in der Klinik hatte er drei Paper veröffentlicht. „Ich schreibe weiterhin meine Klinikanschrift auf die Kuverts, man darf die Kollegen nicht überfordern.

Meine Birne ist völlig gesund, nur mein Hobby ist vielleicht nicht ganz alltäglich."

Er stockte. Vergrub sich kurz in seiner Scham. „Gib mich nicht auf, bitte!"

Ich umfasste wieder seinen Nacken, lehnte meinen Kopf gegen seine Stirn.

„Wir werden Einhörner. Die einzigen weltweit. Du wirst schon sehen. Dann klettern wir wieder auf Berge."

Klaas Huizing, geboren 1958, lehrt als Professor für Systematische Theologie an der Universität Würzburg und ist Chefredakteur des europäischen Kulturmagazins „OPUS". Seine Romane, unter anderem „Der Buchtrinker" und der Kant-Roman „Das Ding an sich", wurden in zahlreiche Sprachen übersetzt. In der edition chrismon rief er zuletzt mit Arnd Brummer auf, den modernen Götzen Gesundheit durch Selber-Denken zu entthronen (Hauptsache gesund! Wider den Wellnesswahn).

Kerstin Klamroth

Der Bücherfreund

Lothar Hartmann betrachtete zufrieden den Roboter, der auf seinem Rasen geräuschlos Runden drehte, um die Halme kurz zu halten. Verlässlich und immer in der Spur, die ihm die Leitung unter der Wiese vorgab. War das Tagwerk getan, dockte die Maschine selbständig an ihrer Station an, die Hartmann links von der Terrassentür platziert hatte, um seinen elektronischen Freund im Auge zu behalten. Das Angenehme an diesem Gerät war, dass es Hartmann in die Lage versetzte, auf unzuverlässige Gartenarbeiter zu verzichten. Diese Mustafas und Franziseks hatten ihn mehr als einmal versetzt, wenn es darum ging, das Unkraut im Zaum zu halten.

„Menschen!" Hartmann schüttelte sich und kehrte zu seinem Ohrensessel zurück. Es dämmerte bereits und eine Stehlampe tauchte sein Refugium in behagliches Licht.

Er hatte das Chesterfield-Möbel aus braunem Leder von seinem Vater geerbt und verbrachte jeden Abend mehrere Stunden darin, um zu lesen. Mit Vorliebe vertiefte er sich in den westöstlichen Diwan, in Shakespeares Dramen, aber auch in die Kurzgeschichten von Siegfried Lenz. Der vertraute Ort gab ihm ein Gefühl von Sicherheit. Hunderte von Büchern reihten sich, nach Autoren alphabetisch geordnet, in den raumhohen Regalen hinter dem Sessel. Daneben setzte eine Glasvitrine ein Dutzend alter Fotoapparate in Szene, Fundstücke, nach denen er gelegentlich zum Zeitvertreib auf Flohmärkten stöberte.

Im Laufe seines nun 62 Jahre währenden Lebens war Hartmann zu der Überzeugung gelangt, dass ihm ein gutes Buch ein besserer Freund sein konnte als jeder Mensch. Heine hatte ihm über seinen ersten Liebeskummer hinweggeholfen, Hölderlin über so manche Lebenskrise, Schiller brachte ihm die Freude nah und Rilke wärmte sein Herz mehr als jeder Zeitgenosse. Nicht, dass Hartmann bewusst jeden menschlichen Kontakt gemieden hätte. Aber aufgrund einiger unerfreulicher Erfahrungen hatte er beschlossen, nicht mehr so viel Kraft und Zeit in Bekanntschaften zu investieren, die ihm ohnehin nichts brachten. Eher mit Verwunderung erinnerte er sich an das Ende seiner Ehe: Silvia hatte seinerzeit die Bücherregale quer ins Wohnzimmer des Reihenhauses gestellt, um eine Trennwand zu schaffen und jedem von ihnen seinen zugemessenen Raum zuzuweisen. Seine Fotosammlung war in Kartons verschwunden, die Bücher hatten sich in alle Richtungen zerstoben und Halt bei Silvias Nippes gesucht.

Er war froh, als sie endlich auszog.

Nein, es war schon besser, wenn alles seine Ordnung hatte. Und Menschen waren nun mal unberechenbar. Gefühlsgesteuert. Als Sachbearbeiter in der Behörde musste er mit ihnen zum Glück nur gelegentlich umgehen, in seiner Abteilung herrschte wenig Publikumsverkehr. Im Privatleben konnte er solche Begegnungen weitgehend vermeiden.

Als Hartmann die ersten Seiten des Eichendorff'schen Taugenichts aufgeschlagen hatte, wurde er durch ein wütendes Klingeln aufgeschreckt. Unwillig erhob er sich, entschlossen, den ungebetenen Besucher kurz abzufertigen, wer es auch immer sei. Reserviert öffnete er die Tür. Der Mann, der vor ihm stand, war mittelgroß, in einen Lodenmantel gekleidet und nickte ihm zu. Hartmann starrte den Besucher verständnislos an. Dann stieg eine Ahnung in ihm hoch.

„Sie?"

„Gott zum Gruße", sagte der ältere Herr, machte einen

Schritt nach vorne und ließ somit keinen Zweifel daran, dass er zum richtigen Zeitpunkt am richtigen Ort war. Er trug einen dünnen weißen Haarkranz gleich einem Heiligenschein um seinen kahlen Schädel.

„Sie haben doch nicht etwa unsere Vereinbarung vergessen?"

Hartmann trat wie ein Schlafwandler einen Schritt zur Seite und machte den Weg frei in sein Wohnzimmer. Der ältere Herr sah sich um, nickte ein paar Mal und schritt dann zum Bücherregal. Vorsichtig zog er einen Band heraus und blätterte die Seiten auf.

„Sieh mal an, eine Erstausgabe! Sie wollen sich nicht zufällig davon trennen?"

Hartmann, der sich nun gefasst und die Tür geschlossen hatte, nahm dem Besucher entrüstet den Band von Schillers Werken aus der Hand und stellte ihn in das Regal zurück. „Nein", sagte er und hoffte, dass seine Stimme fest klang. „Wie käme ich dazu?"

Der alte Herr hob beschwichtigend beide Hände. „Schon gut", sagte er, „wir haben ja eine andere Vereinbarung!" Er entdeckte den Ohrensessel. „Sie erlauben, dass ich Platz nehme?" Dann schnupperte er an dem Brandy, den Hartmann sich bereitgestellt hatte.

„Carlos V. Sie haben einen guten Geschmack."

Das Stichwort schien Hartmann aus seiner Starre zu holen. „Was Sie verlangen, ist unmöglich", erwiderte er aufgeregt. „Das liegt schon in der Natur der Sache. Man kann es nicht erzwingen. Niemals. Nehmen Sie das Geld und wir sind quitt."

„Ich heiße übrigens Michael", sagte der alte Herr. „Meine Freunde nennen mich Michi."

Hartmann kehrte nicht als derselbe in seine Behörde zurück. Vom frühen Morgen bis zum späten Nachmittag las er Anfrage um Anfrage, ohne den Inhalt zu verstehen, geschweige denn, sie beantworten zu können. Er litt unter dieser Unkonzentriertheit, konnte aber nicht vermeiden, dass seine Gedanken immer nur um dieselbe Frage kreisten: Warum nur, warum war er damals bereit gewesen, dieses merkwürdige Geschäft abzuschließen?

Er war wie immer durch die Reihen dieser Antiquariatsmesse geschlendert, auf der Suche nach bibliophilen Kostbarkeiten. Das eine oder andere Schmuckstück hatte er auf diese Weise schon entdeckt, Bücher mit dicken Einbänden und großen Lettern, manche waren mehr als hundert Jahre alt, andere modern, von Künstlern liebevoll gebunden und skizziert. Hartmann besaß inzwischen eine stattliche Sammlung. Es bereitete ihm fast sinnliches Vergnügen, an stillen Winterabenden einen Band in die Hand zu nehmen und sich an der kunstvollen Bindung oder den filigran gestalteten Buchstaben zu erfreuen. Seine vertrackte Leidenschaft hatte ihn jetzt in diese heikle Situation gebracht.

Warum ihm damals ausgerechnet dieses eine Objekt ins Auge fiel, schien im Nachhinein skurril. Es war ein kleines Büchlein. Der Einband war unscheinbar, der Goldschnitt auf dem Seitenrücken verblasst. „Lob der Freundschaft" war in goldenen Lettern auf das samtrote Cover geprägt. Es mussten wohl die kunstvollen Illustrationen der Texte gewesen sein, die ihn fasziniert hatten.

„Wie viel?", hatte er den älteren Herrn gefragt, der zwar hinter dem Büchertisch stand, aber wohl nicht allzu viel Verkaufsinteresse hatte, er bemühte sich nicht um seine Kunden.

„Wie viel?", wiederholte Hartmann und streckte ihm das Büchlein hin.

Der Buchverkäufer, ein Mann in den Siebzigern, schien Hartmann nun endlich wahrgenommen zu haben. Hartmann hatte sich unbehaglich gefühlt, so lang hatte ihn der Mann fixiert. Er wurde ungeduldig. „Was ist nun?", drängelte er, immer noch das Buch in den Händen. Aber der Mann hatte ihm das Buch aus der Hand genommen und wieder auf den Tisch gelegt.

„Unverkäuflich", hatte er ihn knapp beschieden.

Hartmann hatte geglaubt, sich verhört zu haben. Dies war eine Messe. Messen wurden veranstaltet, um Produkte zu verkaufen. Deswegen war dieser Mann hier. Noch nie in seinem Leben war Hartmann derart brüsk abgewiesen worden. Er spürte, wie sein Jagdinstinkt erwachte.

„Ich zahle einen ordentlichen Preis", hatte er insistiert.

Der alte Herr war höflich, aber auch entschieden geblieben: „Ihnen verkaufe ich dieses Buch nicht."

Hartmann hatte gefühlt, wie die Empörung in ihm hochstiegen war. „Was soll das heißen", hatte er gezischt, „machen Sie etwa Unterschiede bei Ihren Kunden? Bin ich Ihnen nicht gut genug? Ich versichere Ihnen, ich bin ein echter Bücherfreund! Einer, der das ureigene innere Wesen eines Buches erfasst."

Der ältere Herr hatte belustigt eine Augenbraue hochgezogen. „Ein echter Freund also", hatte er gesagt. „Nun, wenn das so ist, will ich eine Ausnahme machen. Probieren wir es miteinander. Ihre Adresse bitte!"

„Ich zahle bar und nicht auf Rechnung", hatte Hartmann eingewandt.

Der Archivar hatte das Büchlein in braunes Packpapier eingewickelt und dieses mit Klebeband sorgfältig befestigt. „Dieses Buch zahlen Sie in einer anderen Währung", erwiderte er, während er es in einer Papiertüte verstaute. „Sie bekommen es nur, wenn Sie mein Freund werden."

Hartmann hatte an eine Spinnerei geglaubt. Unter den Bibliophilen gab es einsame Kauze, die zwischen den Regalen ihrer Archive etwas wunderlich geworden waren. Wahrscheinlich war auch dieser nur auf ein kleines zwischenmenschliches Intermezzo aus, das ihm die lange Zeit auf der Messe vertrieb. Er entschied sich, diese Allüren nicht weiter ernst zu nehmen und auf die merkwürdige Bedingung zum Schein einzugehen. „Einverstanden", hatte er gesagt und eine der Visitenkarten herausgefischt, die die Behörde für ihn hatte drucken lassen. Sollte dieser Mensch tatsächlich dort auftauchen, würde er schon am Pförtner scheitern.

Wie naiv er gewesen war! Freundschaft? Was verstand dieser verrückte Buchverkäufer darunter? Er hatte die Hartnäckigkeit dieses seltsamen Vogels unterschätzt. War der Mann krank? Sollte er die Polizei rufen? Und was dann erzählen? Passiert war eigentlich wenig. Gut, der Kerl hatte seine Privatadresse ausfindig gemacht, wie, das wusste der Himmel. Aber er selbst hatte ihm die Tür geöffnet. Anderthalb Stunden lang hatte Michael in Hartmanns Ohrensessel aus dem Büchlein „Lob der Freundschaft" bedeutende Sätze von Goethe, Aristoteles, Bismarck und Cicero über eben dieselbe zitiert, einer kitschiger als der andere. Seite um Seite war in Hartmann der Wunsch gewachsen, dieses vermaledeite Buch wieder loszuwerden.

„Nehmen Sie es zurück", hatte er vorgeschlagen. „Ich zahle Ihnen auch etwas dafür, wenn Sie es tun."

Der alte Herr war auf diesen Vorschlag nicht eingegangen. „Nein", hatte er gesagt und sich aus dem Ohrensessel erhoben. „Unsere Vereinbarung gilt. Ich werde am nächsten Sonntag wiederkommen."

Hartmann war nicht gewillt, sich einer solchen Situation noch einmal auszusetzen. Der Mann war ein Psychopath, das wusste er nun, oder ein Stalker. Aber bevor man dem ans Leder konnte, musste mehr passieren als ein überraschender Besuch am Sonntagabend. Er überlegte, wie er sich künftig verhalten sollte. Einfach die Tür nicht aufmachen? Das würde diesen Michael womöglich noch anstacheln. Nein, das Beste war, gar nicht zuhause zu sein.

So kam es, dass Lothar Hartmann ganz gegen seine Gewohnheit an einem Sonntagnachmittag seinen Mantel anzog und zu einem Spaziergang aufbrach. Es war ein regnerischer Tag und er hatte den Kragen hochgeschlagen, damit ihm die Nässe nicht unter die Kleidung kroch. Missmutig wanderte er durch die kleine Straße mit ihren Doppel- und Einzelhäusern, deren Bewohner sich hinter hohen Tujahecken verschanzten. Er kannte kaum einen von ihnen. Seit seiner Scheidung waren die Kontakte noch weniger geworden, verständlich, die Leute wussten nicht, wie sie mit Trennung umgehen sollten.

Mittlerweile war der Regen stärker geworden und der Wind blies ihm die Tropfen ins Gesicht. Hartmann sehnte sich nach seinem Ohrensessel und einem guten Buch, befürchtete aber, beides mit dem unliebsamen Gast teilen zu müssen. Er beschloss, in das kleine Gasthaus an der Ecke einzukehren. Es war früher Abend und die meisten Tische waren noch nicht besetzt. Der Wirt erschien mit der Speisekarte. Hartmann bestellte eine heiße Schokolade und wärmte sich, als sie kam, die Hände an der Tasse.

„Ein schlimmes Wetter, nicht wahr?", rief der Wirt vom Tresen aus.

Hartmann dachte an diesen Michael, der ihm seine Freundschaft aufdrängen wollte und ihn damit aus seinem Haus vertrieben hatte. Er verfluchte den Kerl. Wie lange würde der es aushalten vor seiner Tür? Am liebsten wollte er diesen merkwürden alten Herrn nicht wiedersehen. Einige Zeilen seines Lieblingsdichters fielen ihm ein und er murmelte sie vor sich hin: „Zum Abschied nehmen just das rechte Wetter. Grau wie der Himmel steht vor mir die Welt."

Neugierig näherte sich der Wirt. „Victor von Scheffel, nicht wahr?", riet er. „Humorvoller Dichter. Die meisten reduzieren ihn ja auf sein nationales Pathos. Aber er hat Witziges verfasst. Zwischen Entweder und Oder führt manches Sträßlein. Mein Lieblingsaphorismus. Oder kennen Sie den? Der Narr stolpert über den Abgrund, in den der Weise regelrecht hineinfällt."

Hartmann horchte auf. Erst jetzt bemerkte er, dass an den Seitenwänden der Gaststätte Bücher standen, sogar ein paar alte Exemplare, sofern er das von seinem Tisch erkennen konnte. Er bestellte ein Glas Rotwein. Dass der Wirt eine Flasche aus seinen privaten Beständen öffnete, nahm ihn noch mehr für ihn ein, zumal es ein Amarone aus dem Valpolicella war. Das Gasthaus blieb an diesem Abend leer, so dass die beiden Männer sich Zeit für eine Unterhaltung nehmen konnten. Hartmann erfuhr, dass der Wirt früher eine Buchhandlung besessen hatte, die er aufgrund finanzieller Schwierigkeiten schließen musste. Ein entfernter Verwandter hatte ihm die kleine Kneipe vererbt und daraus war nun ein Bistro mit Büchern geworden.

Sie leerten ein weiteres Fläschchen. „Ich heiße Gottfried", sagte der Wirt. „Meine Freunde nennen mich Friedel."

Beschwingt öffnete Hartmann am Montagmorgen die Tür zu seinem Büro. Er hatte an den Stalker nicht mehr gedacht und bei der Rückkehr erfreulicherweise vor seiner Eingangstür auch niemanden mehr vorgefunden. Der Spuk war anscheinend vorbei. Die Woche verlief ruhig und Hartmann arbeitete vergnügt Antrag um Antrag ab. Schon war es Freitag und er freute sich, seinem Roboter bald Gesellschaft leisten zu können.

Dann kam der nächste Schlag.

Am Samstagmorgen fischte Hartmann neben Werbeprospekten und der Tageszeitung einen Umschlag ohne Absender aus seinem Briefkasten. Der Inhalt war eine weiße Karte. Ein Zitat von Plutarch sprang ihm ins Gesicht: „Es ist schlimm, erst dann zu merken, dass man keine Freunde hat, wenn man Freunde nötig hat." Hartmann zerriss sie. Offensichtlich hatte dieser Kerl noch nicht aufgegeben. Er würde morgen ein weiteres Mal sein Haus verlassen müssen. Aber diesmal hatte er ein Ziel.

Gottfried war begeistert über den antiquarischen Band des Künstlers A.R. Penck, den Hartmann mit in die Kneipe gebracht hatte. Einen der Schätze, die er noch niemandem gezeigt hatte. Gemeinsam amüsierten sich die beiden Männer über die Sätze, die jeweils eine Buchseite zierten: „Ich bin ein Buch. Kauf mich jetzt. Bitte blättere nicht um. Du hast es doch getan." Gottfried holte einen Amarone aus dem Keller. „Du hast den selben Humor wie ich", stellte er mit Genugtuung fest.

An den folgenden Wochenenden blieb Hartmanns Briefkasten von unpassender Post verschont. Auch im Büro und beim Pförtner hatte niemand nach ihm gefragt, so dass er davon ausging, dass der verrückte Büchernarr nun aufgegeben hatte. Trotzdem beließ es Hartmann bei der ihm inzwischen lieb gewonnenen Gewohnheit, am Sonntagnachmittag im Gasthaus Galileo vorbeizuschauen.

So ging die Zeit dahin. Der Roboter zog einsam Runde um Runde auf dem Rasen und musste nun immer häufiger ohne die Aufmerksamkeit seines Herren auskommen. Auch der Ohrensessel war vernachlässigt. Hartmann verbrachte die Zeit beim Weinhändler, kaufte mehrere gute Tropfen und lagerte den Wein in seinem Keller ein. Seine Streifzüge über Buchmessen und Flohmärkte unternahm er nun gemeinsam mit Gottfried. Das Leben konnte schön sein. Es hätte so weiter gehen können.

Aber es kam anders.

Viele Monate später, der Roboter hatte gerade an seine Station angedockt, klingelte es an der Tür. Es war ein Samstagabend. Hartmann brach der Schweiß aus. Er rechnete nicht mit Besuch, nicht heute Abend. „Bleib ruhig", ermahnte er sich. Vorsichtshalber linste er durch den Türspion. Was er sah, trieb ihm die Röte ins Gesicht.

„Nein", sagte er, und nochmals: „Nein."

Die Klingel schrillte ein zweites Mal. Hartmann strich sich den Schweiß von der Stirn und überlegte. Was sollte er tun? Das Haus war hell erleuchtet, der Stalker hatte bestimmt schon registriert, dass sein Opfer zuhause war. Sollte er die Polizei rufen und sich eventuell lächerlich machen? Oder die Tür öffnen und dem lästigen Besucher ein für alle Mal klar machen, dass er hier nicht erwünscht war? Da fiel sein Blick auf das

Telefon. Es gab eine elegantere Lösung. Der ältere Herr hatte es sich gerade in dem Ohrensessel bequem gemacht, als Gottfried an der Tür klingelte. Hartmann bat seinen Freund erleichtert herein. „Friedel ist auch ein Bücherfreund", sagte er, „ein Liebhaber bibliophiler Werke. Er war früher mal Buchhändler." Der alte Herr lächelte. Befreit atmete Hartmann auf. Er holte eine Flasche Rotwein aus dem Keller und entkorkte sie. „Sie trinken doch einen Schluck mit uns?", fragte er den älteren Herrn, der aufmerksam von ihm zu Gottfried sah.

„Besten Dank, nein", lehnte der ab. „Ich wollte nur schnell das Buch abholen." Er zeigte auf das samtrote „Lob der Freundschaft". Dem Band hatte Hartmann einen Ehrenplatz neben anderen bibliophilen Kostbarkeiten verweigert und ihn zu den Fotoapparaten in die Vitrine gestellt. Hartmann schaute den Mann erstaunt an. Was war das nun wieder für eine Aktion? Der Alte musste komplett durchgedreht sein.

„Aber damals", stotterte er. „Sie wollten es doch nicht zurücknehmen?"

Der alte Mann sah zu Gottfried hinüber.

„Ich sehe, Sie brauchen es nicht mehr", sagte er leise und verschwand.

Kerstin Klamroth und ihre Krimiheldin Elfriede (mit
Veronika Aydin, zuletzt: „Bestattungsfragen") haben eines
gemeinsam: Neugier und Humor. Ersteres führt dazu,
dass sie ihre Nase immer in Dinge hineinstecken, die sie eigentlich nichts angehen, weshalb sie die zweite Eigenschaft
brauchen, um den Schlamassel zu bewältigen, in den sie dann
hineingeraten. Die Autorin, geboren 1955, ist Germanistin,
Romanistin, Journalistin, Dozentin für journalistisches und krea-
tives Schreiben und Autorin von Sachbüchern und Belletristik.

Adolph Knigge

Freundschaft ist nichts für weichgekochte Seelen

(1.) Da bei dem Betragen gegen unsre Freunde alles auf die Wahl derselben ankommt, so muss ich zuerst einige Bemerkungen über diesen Gegenstand vorausschicken. Keine freundschaftlichen Verbindungen pflegen dauerhafter zu sein, als die, welche in der frühern Jugend geschlossen werden. Man ist da noch weniger misstrauisch, weniger schwierig in Kleinigkeiten; das Herz ist offner, geneigter sich mitzuteilen, sich anzuschließen; die Charaktere fügen sich leichter zusammen; man gibt von beiden Seiten nach und setzt sich in gleiche Stimmung; man erfährt miteinander so manches, erinnert sich der sorglosen, gemeinschaftlich vollbrachten glücklichen Jugendjahre und rückt mit gleichen Schritten in Kultur und Erfahrung fort. Dazu kommen dann Gewohnheit und Bedürfnis; wird einer aus dem vertrauten Zirkel durch die Hand des Todes dahingerissen, so kettet das die übrigbleibenden Gefährten um desto fester aneinander. – Ganz anders sieht es aus in reifern Jahren. Von Menschen und Schicksalen vielfältig getäuscht, werden wir verschlossner, trauen nicht so leicht; das Herz steht unter der Vormundschaft der Vernunft, die genauer abwägt und sich selbst Rat zu schaffen sucht, bevor sie sich andern anvertraut. Man fordert mehr, ist ekler in der Wahl, nicht mehr so lüstern nach neuen Bekanntschaften, wird nicht so lebhaft betroffen von glänzenden Außenseiten; man hat echte Begriffe von Vollkommenheit, von dauerhaften Bündnissen, vom Nutzen und Schaden einer gänzlichen Hingebung; der Charakter ist fester; die Grundsätze sind auf Systeme zurückgeführt, in welche die Gesinnungen und Theorien eines fremden Menschen selten passen; folglich wird es schwerer, eine dauerhafte Harmonie zustande zu bringen, und endlich sind wir in so manche Geschäfte und Verbindungen verflochten, dass wir kaum Muße und wenigstens selten Drang haben, neue zu schließen. Also vernachlässige man seine Jugendfreunde nicht; und wenn auch Schicksale, Reisen und andre Umstände uns in der Welt umhergetrieben und von unsern Gespielen getrennt haben, so suche man doch jene alten Bande wieder anzuknüpfen, und man wird selten übel dabei fahren. …

(8.) Kein Grundsatz scheint mir unfeiner und eines gefühlvollen Herzens unwürdiger als der: dass es ein Trost sei, Gefährten oder Mitleidende im Unglücke zu haben. Ist es nicht genug, selbst leiden und dabei überzeugt sein zu müssen, dass in der Welt noch viele ebenso redlich gute Menschen, wie wir sind, nicht weniger Elend zu tragen haben? Sollen wir noch die Summe dieser Unglücklichen mutwilligerweise dadurch vermehren, dass wir andre zwingen, auch unsre Last mitzutragen, die dadurch um nichts leichter wird? Denn man sage doch nicht, dass es Erleichterung sei, sich von seinem Schmerze zu unterhalten! Nur für einige alte Weiber, nicht aber für einen verständigen Mann, kann Geschwätzigkeit von der Art Wohltat werden. Ich habe im ersten Kapitel des ersten Teils davon geredet: ob es gut sei, andern seine Widerwärtigkeiten zu klagen. Damals sagte ich zur Beantwortung dieser Frage nur das, was Weltklugheit und Vorsichtigkeit lehren; im Umgange mit Freunden hingegen, wovon hier die Rede ist, muss uns auch Feinheit des Gefühls vorschreiben, unsre unangenehme Lage vor dem mitempfindenden, zärtlich teilnehmenden Freunde so viel möglich zu verbergen. Ich sage: so viel möglich, denn es können Fälle kommen, wo die Bedürfnisse des gepressten Herzens, sich zu entladen, zu groß, oder die liebreichen Anforderungen des Freundes, der den Kummer auf unsrer Stirne liest, zu dringend werden, wo länger zu schweigen Folter für uns oder Beleidigung für den Vertrauten werden würde. In allen übrigen Fällen lasset uns der Ruhe unsers Freundes wie unsrer eignen schonen. Das aber versteht sich, dass hier nicht von Gelegenheiten die Rede ist, wo sein Rat oder seine Hilfe uns retten kann. – Was wäre Freundschaft, wenn man da schwiege?

(9.) Klagt Dir ein Freund seine Not, seine Schmerzen, so höre ihn mit Teilnehmung an. Halte Dich nicht mit moralischen Gemeinsprüchen auf, mit Bemerkungen über das, was anders hätte sein und was er hätte vermeiden können, da es doch einmal nicht anders ist. Hilf, wenn Du es vermagst, tröste und verwende alles, was ihm Linderung geben kann, aber verzärtle ihn nicht an Leib und Seele durch weibische Klagen. Erwecke vielmehr seinen männlichen Mut, dass er sich erhebe über die nichtigen Leiden dieser Welt. Schmeichle ihm nicht mit falschen Hoffnungen, mit Erwartungen eines blinden Ungefährs, sondern hilf ihm, Wege einschlagen, die eines weisen Mannes würdig sind. …

(11.) Jede Art von schädlicher Schmeichelei muss im Umgange unter echten Freunden wegfallen, nicht aber eine gewisse Gefälligkeit, die das Leben süß macht, Nachgiebigkeit und Geschmeidigkeit in unschuldigen Dingen. Es gibt Menschen, deren Zuneigung man augenblicklich verloren hat, sobald man aufhört, ihnen Weihrauch zu streun, sobald man nicht in allen Dingen einerlei Meinung mit ihnen ist, einerlei Geschmack mit ihnen hat. In ihrer Gegenwart darf man den größten Vorzügen andrer Leute ja nicht Gerechtigkeit widerfahren lassen. Gewisse Saiten kann man gar nicht berühren, ohne sie aufzubringen. Haben sie eine Torheit begangen; sind sie blindlings eingenommen für oder gegen eine Sache, für oder gegen eine Person; werden sie von Phantasie oder Leidenschaft irregeleitet; haben sie unanständige oder schädliche Gewohnheiten an sich; findet man in ihrer Art zu leben und zu wirtschaften etwas mit Grunde auszusetzen und man untersteht sich, hierüber etwas zu sagen, so schlägt das Feuer allerorten heraus. Andre werden hierdurch nicht sowohl beleidigt als gekränkt. Sie sind gewöhnt, sich so zu verzärteln, dass sie die Stimme der Wahrheit gar nicht hören können. Man soll nur von solchen Dingen mit ihnen reden, die ihren faulen Seelenschlummer befördern. – „Wenn ich Dich bitten darf", sagen sie, „so lass uns davon abbrechen. Das sind Gegenstände, die ich nicht gern in mein Gedächtnis zurückrufe. Es ist nun einmal nicht anders; ich weiß wohl, dass ich unrecht habe, dass ich vielleicht anders handeln sollte; aber es würde einen zu schweren Kampf kosten – meine Gesundheit, meine Ruhe, meine schwachen Nerven vertragen es nicht, dass ich ernstlich darüber nachsinne." – Pfui, ein Mensch von festem Charakter, und der ernstlich das Gute liebt und sucht, muss den Mut haben, bei jedem Gegenstande mit reifer Überlegung verweilen zu können. – Alle solche weichgekochten Seelen taugen nicht zur Freundschaft. Man muss das Herz haben, Wahrheit zu sagen und Wahrheit anzuhören, auch dann, wenn diese Wahrheit hart ist und unser Innerstes erschüttert. Der Freibrief eines Freundes, dem andern die Wahrheit nicht zu verhehlen, berechtigt ihn aber nicht, dies mit Grobheit, mit Ungestüm, mit Zudringlichkeit zu tun, ihn durch lange Predigten zu ermüden und zu erbittern oder mit ängstlichen Besorgnissen zu erfüllen, wenn seinem Temperamente oder den Umständen nach gar kein Nutzen davon zu erwarten steht. …

(13.) Etwas von dem, was ich über das Verhältnis unter Eheleuten gesagt habe, findet auch bei Freunden statt, nämlich, dass man sich hüten muss, einander überdrüssig zu werden oder durch zu öftern, zu vertraulichen Umgang widrige Eindrücke zu veranlassen. Zu diesem

Endzwecke wähle man dieselben Mittel, die ich bei jener Gelegenheit vorgeschlagen habe. Man sehe sich nicht so übermäßig oft, dass die Gesellschaft unsers Freundes aufhört, Wohltat, dass sie anfängt, etwas Alltägliches für uns zu werden, dass wir zu genaue Bekanntschaft mit den kleinen Fehlern des Freundes machen, deren jeder Mensch mehr oder weniger hat, die auch nicht so sehr auffallen, wenn man nicht immer miteinander lebt, die aber bei manchen Stimmungen und Launen auf die Länge von nachteiliger Wirkung sein können. Diese Vorsicht ist noch nötiger in der Freundschaft als in der Ehe, da in jener nicht, wie in dieser, andre Rücksichten und der Gedanke, dass man nun einmal auf die ganze Lebenszeit miteinander zu Freude und Leid, zu gemeinschaftlicher Ertragung und um ein Leib und eine Seele zu sein, vereint ist; da, sage ich, dieser Gedanke und manches andre Band der Liebe in der Freundschaft wegfällt, folglich die Beständigkeit derselben von feiner Schonung abhängt. Es ist wahr, dass jene unangenehmen Eindrücke bei edeln und verständigen Menschen nicht von Dauer sind und dass es nur eines Zwischenraums von wenig Tagen bedarf, um uns wieder die Augen zu öffnen über den Wert und Vorzug unsers Freundes vor andern mittelmäßigen Leuten, mit denen wir indes gelebt haben; allein besser ist es doch, wenn dergleichen Empfindungen gar nicht in unser Herz kommen, und das kann man ja ändern. Man verbanne daher auch aus dem Umgange mit Freunden jene pöbelhafte Vertraulichkeit, jenen Mangel an Höflichkeit und jene Nachlässigkeit im Äußern, wovon ich im dritten Kapitel dieses Teils, besonders in dessen viertem Abschnitte geredet habe, und lege endlich auch dem Freunde keine Art von Zwang auf, verlange nicht, dass er sich nach unsern Launen, nach unserm Geschmacke richten, noch dass er den Umgang solcher Leute, gegen welche wir eingenommen sind, fliehn solle. …

(21.) … Vor allen Dingen aber soll man sich hüten, jedem elenden Geschwätze, womit böse oder schwache Menschen zum Nachteile unsrer Freunde unsre Ohren erfüllen, Glauben beizumessen. Leute, die heute mit einem Manne, den sie bis in den Himmel erheben, ihren letzten Bissen teilen würden, und morgen, wenn irgendein altes Weib ihnen ein ärgerliches Märchen aufgehängt hat, denselben zu dem verächtlichsten Betrüger herabwürdigen; Leute, die einen vieljährigen, geprüften Freund, auf Angabe des niederträchtigen, unwürdigen Pöbels, einer ihm schuld gegebenen Schandtat fähig halten können – wäre auch alle Wahrscheinlichkeit auf

Seiten der Verleumder – solche wankelmütigen, elenden Lumpenseelen verdienen nur Verachtung, und der Verlust ihrer Freundschaft ist barer Gewinst. Der Anschein ist oft sehr trüglich; man kann Veranlassungen haben, es können Notwendigkeiten eintreten, die es uns unmöglich machen, gewisse zweideutig scheinende Schritte zu erläutern; aber dass ein bewährter, edler Mann keine schlechte Handlung begangen habe, davon bedarf es gar weiter keines Beweises als dessen, dass ein edler Mann nie eine schlechte Handlung begeht.

(22.) Wenn denn nun aber wirklich unser Freund sich so moralisch verschlimmert, oder unser leichtgläubiges Herz sich in einem solchen Grade in seinem Zutrauen zu ihm betrogen, dass er unsre Vertraulichkeit gemissbraucht, uns mit Undank belohnt hätte – nun, so hört er auf, unser Freund zu sein; ich meine aber, er behält doch nicht mehr und nicht weniger Rechte auf unsre Duldung als jeder andre, uns fremde Mensch. Ich halte es für eine falsche Delikatesse, an welcher mehrenteils die Eitelkeit, indem wir uns ungern wollen geirrt haben, ihren Teil hat, wenn man glaubt, man müsse nun von einem solchen Verräter immer mit großer Schonung reden, weil er einst unser Freund gewesen. Das einzige, was uns bewegen kann, seiner zu schonen, ist der Gedanke, dass überhaupt das menschliche Herz ein schwaches Ding ist und dass man leicht zu weit in seinem Widerwillen geht, wenn eine Art von Rache sich in unser Urteil mischt. Von der andern Seite aber macht der Umstand, dass der Mann uns betrogen, sein Verbrechen auch nicht um ein Haar breit größer, berechtigt uns nicht, ärger gegen ihn zu Felde zu ziehn als gegen jeden andern Schelm, der andre Menschen und überhaupt die Tugend betrügt.

Zeit seines Lebens befasste sich Freiherr **Adolph Franz Friedrich Ludwig Knigge** (1752-1796) mit verschiedenen Projekten egalitärer Männer- und Freundschaftsbünde. Der Schriftsteller wurde vor allem durch seine Schrift „Über den Umgang mit Menschen" bekannt, die, als Benimmratgeber missverstanden, mit Knigges eher soziologisch ausgerichtetem Werk im Sinne der Aufklärung nichts gemein hat. Früh verwaist und verschuldet, studierte Knigge Jura und Kameralistik und wurde zunächst Hofjunker und Assessor der Kriegs- und Domänenkammer zu Kassel. Das Dasein eines Höflings war dem Freigeist aber zuwider, woraufhin er sich dem Schreiben und der Arbeit in verschiedenen Logen und Geheimbünden widmete, u.a. der Strikten Observanz, der Freimaurerloge und dem Illuminatenorden. Bald schon galt er als gefährlicher Demokrat und Jakobiner.

Else Lasker-Schüler

An meine Freunde

An meine treuen Freunde, die ich verlassen musste und
die mit mir geflüchtet in die Welt

Nicht die tote Ruhe –
Bin nach einer stillen Nacht schon ausgeruht.
O ich atme Geschlafenes aus,
Den Mond noch wiegend
Zwischen meinen Lippen.

Nicht den Todesschlaf,
Schon im Gespräch mit euch – himmlisch Konzert –
Ruhe ich aus…
Und neu' Leben anstimmt
In meinem Herzen.

Nicht die tote Ruhe,
So ich liebe im Odem sein:

Auf Erden mit euch im Himmel schon
Allfarbig malen auf blauem Grund –
Das ewige Leben.

Der Überlebenden schwarzer Schritt
Zertritt den Schlummer, zersplittert den Morgen.
Hinter Wolken verschleierte Sterne
Über Mittag versteckt…
So immer neu uns finden.

In meinem Elternhause nun
Wohnt der Engel Gabriel.
O ich möchte mit euch dort
Selige Ruhe in einem Fest feiern:
Sich die Liebe mischt mit unserm Wort.

Aus mannigfaltigem Abschied
Steigen aneinander geschmiegt die goldenen Staubfäden,
Und nicht ein Tag ungesüßt bleibt
Zwischen wehmütigem Kuss – –
Und Wiedersehn.

Else Lasker-Schüler (geboren 1869 in Elberfeld, gestorben 1945 in Jerusalem), Dichterin und Zeichnerin der avantgardistischen Moderne und des Expressionismus, zweimal verheiratet, zweimal geschieden. Zeitweise ohne eigenes Einkommen, lebte Else Lasker-Schüler von der Unterstützung durch Freunde, insbesondere durch Karl Kraus. Von der Beziehung zu Gottfried Benn zeugen eine Vielzahl von Gedichten. Ihr einziger Sohn Paul stirbt 1927. Nach tätlichen Angriffen emigriert sie im April 1933 nach Zürich, 1938 wird ihr die deutsche Staatsbürgerschaft aberkannt. Ihr Werk umfasst etliche Lyrikbände, Dramen, Erzählungen und Zeichnungen.

Michel de Montaigne

Frauen ausgeschlossen

Es muss so vieles zusammentreffen, um dergleichen
[die vollkommene Freundschaft, der Hg.] zu errichten,
dass es viel ist, wenn das Schicksal es einmal in drei
Jahrhunderten zustande bringt. ...

Was die Ehe anlangt, außer dem, dass dies ein Handel ist, der nur bis zum Eingehen frei ist..., und ein
Handel, der gemeinhin zu anderen Absichten geschlossen wird, so finden sich darin noch tausenderlei äußere
Verwicklungen zu entknäueln, genug, um den Faden
einer herzlichen Zuneigung abreißen und ihren Gang
sich verwirren zu lassen, während es in der Freundschaft kein Geschäft noch Anliegen gibt als sie selbst.
Hinzugenommen noch, dass, um die Wahrheit zu sagen,
die geistigen Gaben der Frauen gemeinhin nicht zu jenem Gedankenaustausch und Umgang hinreichen, aus
dem diese heilige Verbindung erwächst; noch scheint

ihre Seele stark genug, um die Spannung eines so fest geknüpften und so dauerhaften Bandes zu ertragen. Und freilich, wäre dies nicht, und wäre es möglich, eine solche freie und zwanglose Gemeinschaft zu schließen, in der nicht nur die Seelen diesen völligen Genuss fänden, sondern auch die Körper ihren Teil an der Vereinigung hätten, und welcher der ganze Mensch sich hingeben würde: es ist gewiss, dass diese Freundschaft vollkommener und erfüllter wäre. Aber dieses Geschlecht hat noch durch kein Beispiel bis dahin zu gelangen vermocht und ist vom einstimmigen Urteil der Schulen des Altertums davon ausgeschlossen.

Im übrigen ist das, was wir gemeinhin Freunde und Freundschaften nennen, nichts weiter als Bekanntschaften und Vertraulichkeiten, die durch irgendwelche Anlässe und Bequemlichkeiten angeknüpft sind, mittels deren unsere Seelen sich miteinander unterhalten. In der Freundschaft, von der ich spreche, mischen und vereinigen sie sich beide in dermaßen völliger Verschmelzung, dass sie ineinander aufgehen und die Naht, die sie verbindet, nicht mehr finden. Wenn man in mich dringt, zu sagen, warum ich ihn liebte, so fühle ich, dass sich dies nicht aussprechen lässt, ich antworte denn: Weil er er war; weil ich ich war.

1563 war der Politiker und Philosoph **Michel de Montaigne** (1533-1592) in eine schwere Lebenskrise geraten: Sein geliebter Freund Étienne de la Boëtie, Verfasser des Buches „Von der freiwilligen Knechtschaft", starb. „Es gibt keine Handlung und keine Vorstellung, bei der er mir nicht mangelt", schreibt Montaigne am Ende seines Essays „Von der Freundschaft", aus dem obige Passagen stammen. Der ehemalige Gerichtsrat und spätere Bürgermeister von Bordeaux zog sich für etwa zehn Jahre in den Turm seines Schlosses in der Nähevon Saint-Émilion zurück, um sich ganz dem Denken und Schreiben zu widmen. Literarisch bedeutete dies die Geburt des Essays.

Friedrich Nietzsche

Schön ist's, mit einander schweigen

1

Schön ist's, mit einander schweigen,
Schöner, mit einander lachen, –
Unter seidenem Himmels-Tuche
Hingelehnt zu Moos und Buche
Lieblich laut mit Freunden lachen
Und sich weiße Zähne zeigen.

Macht' ich's gut, so woll'n wir schweigen;
Macht' ich's schlimm –, so woll'n wir lachen
Und es immer schlimmer machen,
Schlimmer machen, schlimmer lachen,
Bis wir in die Grube steigen.

Freunde! Ja! so soll's geschehn? –
Amen! Und auf Wiedersehn!

2

Kein Entschuld'gen! Kein Verzeihen!
Gönnt ihr Frohen, Herzens-Freien
Diesem unvernünft'gen Buche
Ohr und Herz und Unterkunft!
Glaubt mir, Freunde, nicht zum Fluche
Ward mir meine Unvernunft!

Was ich finde, was ich suche –,
Stand das je in einem Buche?
Ehrt in mir die Narren-Zunft!
Lernt aus diesem Narrenbuche,
Wie Vernunft kommt – „zur Vernunft"!

Also, Freunde, soll's geschehn?
Amen! Und auf Wiedersehn!

Bereits 1860 gründete **Friedrich Wilhelm Nietzsche**
(1844–1900) eine erste Freundesgruppe. Dem Pfarrerssohn und
Professor für klassische Philologie in Basel waren Freunde
zeitlebens wichtig, auch wenn er diese immer wieder brüskierte.
Ab seinem fünfundvierzigsten Lebensjahr litt Nietzsche unter
einer schweren psychischen Krankheit, die ihn arbeits- und ge-
schäftsunfähig machte. Seinen Ruhm, der etwa 1890 einsetzte,

hat er nicht mehr bewusst wahrgenommen. Den Rest
seines Lebens verbrachte er als Pflegefall.

„Und so ist es mit der Liebe der Freunde: ohne Mahnung,
ohne Rütteln, in aller Stille fällt sie nieder und beglückt. Sie
begehrt nichts für sich und gibt alles von sich. Nun ver-
gleiche die scheußlich-gierige Geschlechtsliebe mit der Freundschaft!", schrieb Nietzsche am 7. Oktober 1869 Erwin Rohde.

Keine beste Freundin

Ich habe keine beste Freundin. Oh je, das klingt richtig blöd. Einen besten Freund hat man zu haben, eine beste Freundin erst recht. Eine zum Pferde stehlen und Seele baumeln lassen und ganze Wochenenden im Wellness-Hotel verquatschen. Hätte ich sie gerne? Eine allerbeste Freundin, die per WhatsApp immer auf dem Laufenden wäre, in welcher Bahn ich gerade sitze, mit Smiley nach oben oder nach unten oder einer Träne im Smiley-Auge oder einem Mundschutz vor dem Smiley-Mund? Dann wüsste meine beste Freundin nämlich, dass ich leider Schnupfen habe und würde mir noch mehr Smileys schicken und blinkende Herzen und einen WhatsApp-Daumen nach oben. Weil sie ja meine allerbeste Freundin wäre. Forever.

Es klingt furchtbar herzlos, aber ich brauche keine allerbeste Freundin. Ich brauche Freunde. Freundinnen. Viele davon. Ich brauche Annette, die mir auch spät abends noch eine Hühnersuppe kocht, wenn ich viel zu spät von der Arbeit komme. Ich brauche Norbert, der sofort jeden Mann erschießen würde, der mich schlecht behandelt. Ich brauche Sabine, die mich in todlangweilige Ausstellungen über moderne Raumfahrt schleppt, von denen man nachts lustige Träume kriegt. Ich brauche Birgit, die ohne zu zögern meine Kinder übernimmt, wenn ich Brechdurchfall habe. Ich brauche Lena, die meine Kinder auch dann übernimmt, wenn ich gar keinen Brechdurchfall habe, aber gerne eine ruhige Nacht mit dem Liebsten verbringen möchte.

Annette würde nie in Ausstellungen gehen, Sabine kann nicht kochen und Norbert würde die Kinder nicht nehmen. Oder vielleicht doch, man müsste ihn mal fragen. Aber warum eigentlich? Warum muss jetzt schon wieder – kaum hat die moderne Paarforschung ergeben, dass Ehen an zu hohen Erwartungen scheitern –, warum muss jetzt auch noch die Freundin alles können, für alle Lebenslagen? Weil ein bester Freund eine Frage des Prestiges ist, vermutet die Schriftstellerin Silvia Bovenschen. Wer einen besten Freund, eine beste Freundin hat, gilt nicht als Langweiler. Wer richtig gute Freunde hat, ist interessant.

Ich weiß, was sie meint. Ich war neulich bei einem runden Geburtstagsfest meiner Freundin Anke eingeladen, wo nur interessante Freunde waren. Alle wurden von der Gastgeberin ausführlich vorgestellt, alle waren wahnsinnig toll. Der eine hatte angeblich das beste Buch über die moderne Arbeitswelt geschrieben, die andere wurde als begnadete Wohnungseinrichterin vorgestellt, die dritte wurde ihrer bildschönen Tochter wegen gerühmt, die jetzt auch noch als eine Art Heilige nach Afrika in ein Waisenhaus geht, so klang es jedenfalls. Mir fiel mein letzter runder Geburtstag ein, bei dem ich – zugegeben wenig inspiriert – eine recht kurze Runde gemacht hatte: Das ist Lisa, mit der geh ich joggen, das ist Anne, die rettet meine Texte, das sind meine Kinder. Ich dachte, die Exzellenz könnten sich die erwachsenen Gäste selber im Gespräch erarbeiten. Oder auch nicht, mein Gott, die meisten Menschen sieht man ja nach Partys nie wieder.

Aber dafür hielt auf meinem Geburtstag auch keine allerbeste Freundin eine Rede auf mich, die Gastgeberin. Auf Anke schon. Die allerbeste Freundin, die von Anke bereits die Qualitätszertifikate „beste Freundin", „beste Zuhörerin" und „schönste Frau von Schwabing" angeheftet bekommen hatte, hob zu einer Rede auf Anke an, „49 Gründe, warum du meine beste Freundin bist". Leider war sie bereits bei Grund Nr. 13 so gerührt von ih-

rem Allerbestefreundinsein, dass sie infolge von Trä-
nenproduktion nicht mehr weiterreden konnte. Was
einerseits ganz gut war, weil der Metzger, der den geba-
ckenen Leberkäse für die Party parat hielt, schon etwas
nervös hinter seinem Rechaud stand, rätselnd von
einem Bein aufs andere wippend mit der Hochrech-
nung, wie lange 49 umständliche Sätze dauern würden.
Es war dann schnell zu Ende. Und zweitens zeigte der
Tränenausbruch: Allerbestefreundinsein ist die schiere
Überforderung.

Dass mir jetzt niemand sagt, ich sei nur neidisch. Ja,
bin ich. Ich hätte schon cool gefunden, Anke hätte bei
ihrer Vorstellungsrunde mehr über mich zu erzählen
gewusst, als dass ich in unserer gemeinsamen WG-Zeit
das pummeligste Mädchen im Semester war und – den
Zwischenteil habe ich vor Beleidigtsein vergessen – am
Ende doch noch Chefredakteurin wurde. Aber ich habe
mich mit einer weiteren Theorie der schlauen Silvia Bovenschen getröstet. Die sagt: „Man sitzt in einer größe-
ren Runde, etwas Komisches passiert, es lachen aber nur
noch zwei weitere Leute" – das können Freunde werden.
Ich finde, das trifft die Sache ziemlich gut. Denn auch
das Gegenteil stimmt. 20 Jahre später, du kommst auf
ein Fest zu ganz alten Freunden, es lachen alle, aber

zwei nicht. Die kanntest du zwar gar nicht, aber die gucken genauso betreten auf den Boden wie du. Mit denen kannst du super türmen und dir einen lustigen Abend machen. Freunde? Forever? Nö, muss nicht sein. Aber kann.

Ursula Ott, geboren 1963, ist Chefredakteurin von chrismon.
Sie ist in Ravensburg aufgewachsen, hat in München und
Paris studiert und bei „Emma", „Die Woche" und der „Brigitte"
gearbeitet. Die vielfach preisgekrönte Kolumnistin und
Reporterin veröffentlichte in der edition chrismon zuletzt „Was
Liebe aushält". Sie lebt mit Mann und zwei Söhnen in Köln
und Frankfurt. www.ursulaott.de

Charlotte von Schiller

Besorgt für alles, was wir lieben

An Louise Wieland
Rudolstadt, 27. August 1813

Meine Louise:
ich habe lange nichts gesagt, und ich könnte fürchten, dass Du ein Misstrauen in meine Freundschaft und in meinen Anteil an Deinem Schicksal setzen könntest. Doch hoffe ich, Du hast mich besser verstehen lernen, wir haben ein Band, das unzerreißbar ist, denn wir begegnen uns in dem heiligsten Andenken, und die Verehrung und Freundschaft, die mich an den verewigten Vater band, machte mir die Tochter schon lieb, wenn ich sie nicht auch durch sie selbst lieben müsste. Ich fühle einige Stellen in Deinem Brief, liebe Louise, die den leisen Vorwurf enthalten könnten, als hätte ich Deinen Erwartungen an mein Herz nicht immer entsprochen.

Aber glaube mir, liebe Louise, dass, wenn ich über alle Deine Verhältnisse nicht mit der Wärme sprach, die Dein Herz erwartete, so ist es gewiss nicht aus Mangel des Gefühls für Dich, für Dein jetziges und künftiges Schicksal. Aber es gibt Momente im Leben, wo wir so tief die menschlichen Begebenheiten und den Unbestand des irdischen Glücks fühlen, dass wir für alles, was wir lieben, besorgt sind, und lieber nichts wünschen möchten, um das Glück nicht zu verscheuchen. Ich gedenke der Stunden immer, wo Du mir Dein Herz geöffnet hast. Und diese Stunde hat mir für die Ruhe Deines Herzens Trost gegeben, weil ich fühlte, dass meine Louise ein Band an die Welt fesselt, was alle Schmerzen leichter tragen hilft. Auch der Gedanke, dass der geliebte Vater Dein Verhältnis gewusst, war mir sehr tröstend, weil ich ahndete, welche Wünsche für die geliebte Tochter die Brust des Vaters bewegten. Auch tröstet es mich, dass er Deinen Freund erkannt hat. Dein lieber Brief hat mich auch über Deine Lebensansichten erfreut und mir Deine Liebe gezeigt für den Gefährten Deines Lebens und die süße Hoffnung erweckt, dass keine Überredung, noch der Wunsch Deiner Freunde, sondern Dein eignes Herz diese Wahl getroffen. Dass Du Deinem Freund alles sein wirst, was eine edle Frau ihrem Mann sein kann, weiß ich, denn ich weiß, wie viel Liebe und anhaltende Treue Dein Gemüt bewahrt. …

In dem Film „Die geliebten Schwestern" (2014) über Schiller und seine Liebe zu zwei Schwestern setzt Dominik Graf ihr ein modernes Denkmal: **Charlotte von Schiller**, geborene von Lengefeld (1766-1826), Ehefrau des berühmten Dichters und Schwester der späteren Schriftstellerin Caroline von Wolzogen (1763-1847). In Briefen und Tagebüchern ist sie als kluge Zeitgenossin der Weimarer Klassik zu erkennen. Sie korrespondierte u.a. mit Goethe. Ihre Exzerpte behandeln sämtliche Neuerscheinungen ihrer Zeit aus Philosophie, Literatur und Naturwissenschaften. Louise Wieland ist die Tochter von Christoph Martin Wieland (1733-1813).

Friedrich Schiller

Die Freundschaft

Freund! genügsam ist der Wesenlenker –
Schämen sich kleinmeisterische Denker,
Die so ängstlich nach Gesetzen spähn –
Geisterreich und Körperweltgewühle
Wälzet eines Rades Schwung zum Ziele,
Hier sah es mein Newton gehn.

Sphären lehrt es, Sklaven eines Zaumes,
Um das Herz des großen Weltenraumes
Labyrinthenbahnen ziehn –
Geister in umarmenden Systemen
Nach der großen Geistersonne strömen,
Wie zum Meere Bäche fliehn.

Wars nicht dies allmächtige Getriebe,
Das zum ewgen Jubelbund der Liebe
Unsre Herzen aneinander zwang?
Raphael, an deinem Arm – o Wonne!

Wag auch ich zur großen Geistersonne
Freudigmutig den Vollendungsgang.

Glücklich! glücklich! Dich hab ich gefunden,
Hab aus Millionen dich umwunden,
Und aus Millionen mein bist du –
Lass das Chaos diese Welt umrütteln,
Durcheinander die Atomen schütteln:
Ewig fliehn sich unsre Herzen zu.

Muss ich nicht aus deinen Flammenaugen
Meiner Wollust Widerstrahlen saugen?
Nur in dir bestaun ich mich –
Schöner malt sich mir die schöne Erde,
Heller spiegelt in des Freunds Gebärde,
Reizender der Himmel sich.

Schwermut wirft die bange Tränenlasten,
Süßer von des Leidens Sturm zu rasten,
In der Liebe Busen ab; –
Sucht nicht selbst das folternde Entzücken
In des Freunds beredten Strahlenblicken
Ungeduldig ein wollüstges Grab? –

Stünd im All der Schöpfung ich alleine,
Seelen träumt' ich in die Felsensteine
Und umarmend küsst' ich sie –
Meine Klagen stöhnt' ich in die Lüfte,
Freute mich, antworteten die Klüfte,
Tor genug! der süßen Sympathie.

Tote Gruppen sind wir – wenn wir hassen,
Götter – wenn wir liebend uns umfassen!
Lechzen nach dem süßen Fesselzwang –
Aufwärts durch die tausendfache Stufen
Zahlenloser Geister, die nicht schufen,
Waltet göttlich dieser Drang.

Arm in Arme, höher stets und höher,
Vom Mongolen bis zum griechschen Seher,
Der sich an den letzten Seraph reiht,
Wallen wir, einmütgen Ringeltanzes,
Bis sich dort im Meer des ewgen Glanzes
Sterbend untertauchen Maß und Zeit. –

Freundlos war der große Weltenmeister,
Fühlte Mangel – darum schuf er Geister,
Selge Spiegel seiner Seligkeit! –

Friedrich Schiller **97**

Fand das höchste Wesen schon kein gleiches,
Aus dem Kelch des ganzen Seelenreiches
Schäumt ihm – die Unendlichkeit.

Die Freundschaft des **Johann Christoph Friedrich von Schiller**

(1759-1805) mit Johann Wolfgang von Goethe (1749-1832)

ist legendär. Nach einer Zeit der Rivalität – Goethe fühlte sich

durch Schiller unangenehm an seinen „Werther" erinnert,

Schiller hielt Goethe für arrogant - besuchten sich Schiller und

der Weimarer Dichterfürst fast täglich, um über literarische,

philosophische und naturwissenschaftliche Themen zu

sprechen.

Schiller, 1802 geadelt, Regimentsarzt, Dichter, Philosoph

und Historiker, von Geburt Württemberger, später Staatsbürger

von Sachsen-Weimar und Frankreich, war durch sein Frei-

heitsdrama „Die Räuber" (1781) schnell berühmt geworden.

Als er, zeitlebens von labiler Gesundheit, mit nur fünfundvierzig

Jahren starb, schrieb Goethe in einem Brief, er glaube sich

selbst zu verlieren.

Freund statt Spießgeselle

Linz, 30. Juni 1847

… Ein wirklicher und aufrichtiger Freund ist nächst der treuen Gattin das größte Gut des Herzens, das ein Mann auf dieser Erde haben kann. … Die Freundschaft schließt erst völlig den Ring des Glückes und gibt uns (wie edel und gut auch der Freund sei) doch die Versicherung eigenen Wertes; der Unwürdige hat nur Spießgesellen, nicht Freunde. …

Karl Kraus verehrte ihn, während andere ihn als altväterlichen

Langweiler ansahen: Der österreichisch-böhmische

Schriftsteller und Maler **Adalbert Stifter** (1805–1868) zählt

zu den bedeutendsten Vertretern des Biedermeiers.

Sein Roman in drei Bänden „Der Nachsommer" gehört zu den

großen Bildungsromanen des 19. Jahrhunderts.

Das Zitat stammt aus einem Brief an einen Jugendfreund, den

Juwelier Joseph Türck (1807–1875).

Henry D. Thoreau

Die Zeit soll unsere Freundschaft pflegen

So sicher wie der Sonnenuntergang des verflossenen November mich in eine überirdische Welt versetzt und mich an den hellen Morgen der Jugendzeit erinnert hat, so sicher wie der letzte Ton der Musik, der mein schwächer werdendes Ohr trifft, auch das Alter mich vergessen lässt, so sicher soll, während der mannigfaltigen Einflüsse der Natur im Laufe unseres natürlichen Lebens enden, mein Freund für immer mein Freund sein und einen Strahl Gottes in mir widerspiegeln; und die Zeit soll unsere Freundschaft pflegen, schmücken und weihen wie Ruinen von Tempeln. Wie ich die Natur liebe, die Singvögel, das weite Stoppelfeld und fließende Bäche, Morgen und Abend, Sommer und Winter, so liebe ich dich, mein Freund.

Aber alles, was über die Freundschaft gesagt werden kann, ist wie die Lehren der Botanik im Vergleich zu den lebenden Blumen. Wie kann der Verstand ihre Schönheit erklären!…

Seinen Rückzug in eine selbstgezimmerte Blockhütte am Walden-See, auf einem Grundstück seines Freundes, den Dichter, Unitarier und Philosophen Ralph Waldo Emerson, beschrieb der amerikanische Philosoph und Schriftsteller **Henry David Thoreau** (1817-1862) in seinem zum Kultbuch avancierten „Walden. Oder das Leben in den Wäldern". Mindestens ebenso einflussreich waren Thoreaus Vorträge und Texte zum zivilen Ungehorsam, die unter anderen Mahatma Gandhi und Martin Luther King als Inspirationsquelle für gewaltfreien Widerstand gegen die Obrigkeit diente.

Ludwig Tieck

Ein Umweg zum Freund

Es war ein schöner Frühlingsmorgen, als Ludwig Wandel ausging, um auf einem Dorfe, das einige Meilen entfernt war, einen kranken Freund zu besuchen. Dieser hatte ihm geschrieben, dass er gefährlich darniederliege und ihn gern noch einmal zu sehn und zu sprechen wünsche. Der muntre Sonnenschein glänzte in den hellgrünen Gebüschen; die Vögel zwitscherten und sprangen hin und wider; die fröhlichen Lerchen sangen über den leichten, vorüberfliegenden Wolken! Düfte kamen von den frischen Wiesen und alle Obstbäume in den Gärten blühten weiß und freundlich.

Ludwigs trunkenes Auge schweifte auf allen Gegenständen umher; seine Seele wollte sich erweitern, aber dann dachte er an seinen kranken Freund und ging wieder in stiller Betrübnis weiter; die Natur hatte sich umsonst so hell und glänzend geschmückt, er sah in seiner Phantasie nur das Krankenbett und seinen leidenden Bruder. „Wie Gesang von jedem Zweige schallt", rief er aus; „die Töne der Vögel vermischen sich lieblich mit dem Flüstern der Blätter, und ich höre aus der Ferne doch die Seufzer des Kranken durch das süße Konzert."

Indem kam ein Zug geputzter Bäuerinnen aus dem Dorfe; alle grüßten ihn freundlich und erzählten ihm, wie sie mit munterm Sinne nach einer Hochzeit wallfahrteten, wie die Arbeit für heute ruhen und dem Feste Platz machen müsse. Er hörte ihnen zu, und noch aus der Ferne erschallte ihr Jubel; ihm klangen die Lieder nach, die sie sangen, aber er ward immer betrübter. Im Walde setzte er sich auf einen umgehauenen Baum nieder, zog den schon oft gelesenen Brief aus der Tasche und las noch einmal.

Vielgeliebter Freund!

Ich weiß nicht, warum Du mich so ganz vergessen hast, dass ich gar keine Nachrichten von Dir erhalte. Darüber verwunderte ich mich nicht, dass die Menschen mich verlassen, aber das betrübt mich inniglich, dass auch Du Dich gar nicht um mich kümmerst. Ich bin gefährlich krank, ein Fieber erschöpft alle meine Kräfte; wenn Du noch länger zögerst, mich zu besuchen, so kann ich Dir nicht versprechen, ob Du mich noch wiedersiehst. Die ganze Natur lebt auf und fühlt sich frisch und kräftig, nur ich sinke ermattet zurück; mich erquickt die neue

Wärme nicht, ich sehe die grüne Flur nicht, nur den Baum, der vor meinem Fenster rauscht und meinen Gedanken lauter Totenlieder singt. Meine Brust ist enge, der Atem wird mir schwer, und manchmal scheint es mir, als würden die Wände meines Zimmers immer dichter zusammenrücken und mich so erdrücken. Ihr übrigen in der Welt feiert jetzt die schönste Zeit des Lebens, und ich muss hier in der Krankenbehausung verschmachten. Ich wollte gern den Frühling aufgeben, wenn ich nur Dein liebes Angesicht noch einmal wiedersehn könnte; aber ihr Gesunden denkt nie ernsthaft daran, was es eigentlich zu sagen habe, wenn man krank ist, wie teuer uns dann in der Hülflosigkeit der Besuch des Freundes ist; ihr wisst die kostbaren Minuten des Trostes nicht zu schätzen, weil euch die ganze Welt mit warmer, inniger Freundschaft umfängt. Ach wenn ihr den schrecklichen Tod und das noch schrecklichere Kranksein so kenntet, wie ich! O Ludwig, wie würdest Du dann eilen, um diese zerbrechliche Form schnell noch einmal wiederzuerkennen, die Du bisher Deinen Freund nanntest und die nachher so unbarmherzig in Stücke geschlagen wird. Wenn ich gesund wäre, würd ich Dir entgegeneilen und mir einbilden, Du könntest in diesem Augenblicke vielleicht krank liegen. Wenn ich Dich nicht wiedersehn sollte, so lebe wohl. –

Welchen sonderbaren Eindruck machte der Schmerz dieses Briefes auf Ludwigs Herz in der fröhlichen Natur, die beglänzt vor seinen Augen so herrlich dalag. Er weinte und stützte das Haupt auf die Hand. „Jubiliert nur, ihr Waldbewohner!", dachte er bei sich, „denn ihr kennt keine Klage, ihr führt ein leichtes, poetisches Leben, und dazu sind euch die raschen Schwingen verliehen; o wie glücklich seid ihr, dass ihr nicht trauern dürft! Der warme Sommer ruft euch und ihr wünscht nichts weiter, ihr tanzt ihm entgegen und wenn der Winter kommen will, seid ihr verschwunden. O du leichtbefiedertes, fröhliches Waldleben! wie beneid ich dich! Warum sind dem armen Menschen so viele schwere Sorgen in sein Herz gelegt? Warum darf er nicht lieben, ohne durch Jammer seine Liebe zu erkaufen? Durch Elend sein Glück? Das Leben rauscht wie eine flüchtige Quelle unter unsern Füßen hinweg, und löscht nicht unsern Durst, unsre heiße Sehnsucht."

Er verlor sich immer mehr in Gedanken, dann stand er auf und setzte seinen Weg durch den dichten Wald fort. „Wenn ich ihm nur helfen könnte", rief er aus; „wenn mir nur die Natur irgendein Mittel darböte, ihn zu retten; so aber habe ich nichts als das Gefühl meiner Schwäche und den Schmerz über den Verlust meines

Freundes. In meiner Kindheit glaubt ich an Zauberei und an ihre übernatürliche Hülfe; o wär ich jetzt so glücklich, dass ich so, wie damals, auf sie hoffen könnte."

Er beschleunigte seine Schritte, und unwillkürlich kamen ihm alle Erinnerungen aus seinen frühesten Kinderjahren zurück; er folgte den lieblichen Gestalten, die ihm winkten, und war bald so in einem Labyrinthe verwickelt, dass er die Gegenstände nicht bemerkte, die ihn umgaben. Er hatte vergessen, dass es Frühling war, dass sein Freund krank sei; er horchte auf die wunderbaren Melodien, die zu ihm wie von fernen Ufern herübertönten; das Seltsamste gesellte sich zum Gewöhnlichsten; seine ganze Seele wandte sich um. Aus dem Hintergrunde des Gedächtnisses, aus dem tiefen Abgrunde der Vergangenheit wurden alle die Gestalten hervorgetrieben, die ihn einst entzückt oder geängstigt hatten; aufgestört wurden alle die ungewissen Phantome, die ohne Gestalt herumflattern und oft mit wüstem Gesumse unser Haupt umgeben. Puppen, Kinderspiele und Gespenster tanzten vor ihm her und bedeckten ganz den grünen Rasen, dass er keine Blume zu seinen Füßen gewahr werden konnte. Die erste Liebe umgab ihn mit ihrem dämmernden Morgenschimmer und ließ funkelnde Regenbogen auf die Aue niederfallen; die ersten Schmerzen zogen vorbei und drohten ihm, am Ende des Lebens in eben der Gestalt wiederzukommen. Ludwig suchte alle diese wechselnden Gefühle festzuhalten und in diesem magischen Genusse sich seiner selbst bewusst zu bleiben, aber vergeblich: wie rätselhafte Bücher mit bunten grotesken Figuren, die sich schnell auf einen Augenblick eröffnen und dann plötzlich wieder zugeschlagen werden; so unstet, so flatternd zog alles seiner Seele vorüber.

Der Wald öffnete sich und seitwärts lagen auf dem offenen Felde einige alte Ruinen, mit Warttürmen und Wällen umgeben. Ludwig verwunderte sich, dass er unter seinen Träumen den Weg so schnell zurückgelegt habe. Er schritt aus seiner Schwermut heraus, so wie er aus dem Schatten des Waldes trat; denn oft sind die Gemälde in uns nur Widerscheine von den äußern Gegenständen. Jetzt ging wie eine Morgensonne die Erinnerung in ihm auf, wie er zuerst den Genuss der Poesie habe kennen lernen, wie er zum erstenmal den holden Einklang verstanden, den manches Menschenohr niemals vernimmt.

„Wie unbegreiflich", sagte er zu sich, „flog damals das zusammen, was mir auf ewig durch große Klüfte getrennt schien; die ungewissesten Ahndungen in mir erhielten Form und Umriss, und strahlten Schimmer von sich, in denen ich tausend Nebengestalten erblickte, die ich bis dahin noch niemals wahrgenommen hatte. So ward mir nun das genannt, was ich immer hatte aussprechen wollen, ich empfing nun die schönsten Schätze der Erde, die meine Sehnsucht bis dahin vergeblich gesucht hatte; und wie hab ich dir seitdem, du göttliche Kraft der Phantasie und Dichtkunst, so alles zu danken! Wie hast du meinen Lebenslauf eben gemacht, der erst so verworren schien! Immer neue Quellen des Genusses und des Glückes hast du mich entdecken lassen, so dass sich mir jetzt nirgends eine dürre Wüste entgegenstreckt; alle Ströme der süßen, wollüstigen Begeisterung haben ihren Lauf durch mein irdisches Herz genommen, ich bin trunken worden, und habe die Himmlischen kennengelernt."

Die Sonne ging unter und Ludwig verwunderte sich darüber, dass es schon Abend sein sollte; er fühlte keine Müdigkeit, er war auch noch weit von dem Ziele entfernt, das er vor der Nacht hatte erreichen wollen. Er stand still und begriff es nicht, wie es komme, dass sich der purpurrote Abend schon über die Wolken ausstreckte; dass so große Schatten fielen und die Nachtigall aus dem dichten Gebüsche ihr klagendes Lied begann. Er sah sich um; die Ruinen lagen weit zurück, ganz mit rotem Glanze übergossen, und er war jetzt zweifelhaft, ob er sich nicht von der geraden, ihm so wohlbekannten Straße entfernt habe.

Jetzt fiel ihm ein Bild aus seiner frühen Kindheit ein, das bis dahin noch nie wieder in seine Seele gekommen war; eine furchtbare weibliche Gestalt, die vor ihm über das einsame Feld hinschlich, ohne sich nach ihm umzusehn, und der er wider seinen Willen folgen musste, die ihn in unbekannte Gegenden nach sich zog, und deren Gewalt er sich durchaus nicht erwehren könne. Ein leiser Schauer schlich über ihn hin, und doch war es ihm unmöglich, sich jener Gestalt deutlicher zu erinnern, oder sich mit der Seele in jenen Zustand zurückzufinden, in welchem dieses Bild zuerst in ihm aufgestiegen war. Er strebte nach, alle diese seltsamen Empfindungen in sich abzusondern, als er sich durch einen Zufall etwas genauer umsah und sich wirklich an einem Orte befand, den er bis dahin, sooft er auch dieses Weges gegangen war, noch nie gesehen hatte. „Bin ich bezaubert?", rief er aus, „oder haben mich meine Träume und Phantasien verrückt gemacht? Ist es die wunderbare Wirkung der Einsamkeit, dass ich mich selber nicht wiedererkenne, oder schweben Geister und Genien um mich her, die meine Sinnen gefangen halten? Wahrlich, wenn ich mich nicht aus mir selbst herausreißen, so erwarte ich hier jenes Frauenbild, das mir in meiner Kindheit auf allen wüsten Plätzen vorschwebte."

Er suchte alle Phantasien von sich zu entfernen, um sich im Wege wieder zurechtzufinden; aber seine Erinnerungen wurden immer verwirrter, die Blumen zu seinen Füßen wurden größer, das Abendrot wurde noch glühender und wunderseltsame Wolken hingen tief zur Erde hinunter, wie Vorhänge von einer geheimnisreichen Szene, die sich bald eröffnen würde. Es entstand ein klingendes Sumsen in dem hohen Grase und die Halmen neigten sich gegeneinander, als wenn sie ein Gespräch führten und ein leichter warmer Frühlingsregen plätscherte dazwischen, als wenn er alle schlummernde Harmonien in den Wäldern, in den Gebüschen, in den Blumen aufwecken wollte. Nun klang und tönte alles, tausend schöne Stimmen redeten durcheinander, Gesänge lockten sich und Töne schlangen sich um Töne, und in dem niedersinkenden Abendrote wiegten sich unzählige blaue Schmetterlinge, auf deren breiten Flügeln der Schein funkelte. Ludwig glaubte im Traume zu liegen, als sich plötzlich die schweren, dunkelroten Wolken wieder aufhoben, und eine weite unabsehlich

weite Aussicht öffneten. Im Sonnenschein lag eine
prächtige Ebene da und funkelte mit frischen Wäldern
und betautem Buschwerk. In der Mitte strahlte ein Palast mit tausend und tausend Farben, wie aus lauter be-
weglichen Regenbogen und Gold und Edelsteinen zu-
sammengesetzt; ein vorübergehender Fluss warf spie-
lend die mannigfaltigen Schimmer zurück, und eine
weiche rötliche Luft umfing das Zauberschloss. Da flogen fremde, niegesehene Vögel umher und scherzten
mit ihren roten und grünen Flügeln gegeneinander, grö-
ßere Nachtigallen sangen mit lauteren Tönen durch die
widerklingende Natur; Flammen schossen durch das
grüne Gras hin und flatterten bald hier, bald dort, und
fuhren dann in Kreisen um das Schloss herum. Ludwig
ging näher und hörte holdselige Stimmen folgendes
singen:

> „Wandersmann von unten
> geh uns nicht vorüber,
> weile in dem bunten
> Zauberpalast lieber.
> Hast du Sehnsucht sonst gekannt
> nach den fernen Freuden,
> oh, wirf ab die Leiden!
> und betritt das längstgewünschte Land.‟

Ohne sich zu bedenken, tritt Ludwig jetzt auf die glänzende Schwelle und scheute sich nur einen Augenblick, seinen Fuß auf das blanke Gestein zu setzen; dann ging er hinein. Die Türen schlossen sich hinter ihm zu. „Hieher! hieher!", riefen ungesehene Stimmen, wie aus dem innersten Palaste, und er folgte dem Klange mit lautklopfendem Herzen. Alle seine Sorgen, alle seine ehemaligen Erinnerungen waren abgeschüttelt; sein Inneres tönte von den Gesängen wider, die ihn äußerlich umgaben; alle Sehnsucht war gestillt; alle gekannten und ungekannten Wünsche in ihm waren befriedigt. Die rufenden Stimmen wurden so stark, dass das ganze Gebäude erschallte, und er konnte sie immer noch nicht finden, ob er gleich schon längst im Mittelpunkte des Palastes zu stehn glaubte.

Ein rotwangiger Knabe trat ihm endlich entgegen und begrüßte den fremden Gast, er führte ihn durch prächtige Zimmer voller Glanz und Gesang und trat endlich mit ihm in den Garten, wo Ludwig, wie er sagte, erwartet würde. Er folgte betäubt seinem Führer, und der schönste Duft von tausend Blumen quoll ihm entgegen. Große beschattete Gänge empfingen sie; Ludwigs schwindelnder Blick konnte kaum die Wipfel der uralten hohen Bäume erreichen; auf den Zweigen saßen buntfarbige Vögel, Kinder spielten in den Bäumen auf Gitarren und sie und die Vögel sangen dazu. Springbrunnen erhoben sich, in denen das reine Morgenrot zu spielen schien; die Blumen waren hoch wie Stauden, und ließen den Wanderer unter sich hinweggehen. Er hatte bis dahin noch keine so heilige Empfindung gekannt, als ihn jetzt durchglühte; noch kein so reiner himmlischer Genuss hatte sich ihm offenbaret; er war überglückselig.

Helle Glocken tönten durch die Bäume und alle Wipfel neigten sich, die Vögel schwiegen so wie die Kinder mit ihren Gitarren, die Rosenknospen entfalteten sich und der Knabe brachte jetzt den Fremden in eine glänzende Versammlung. Auf schönen Rasenbänken saßen erhabene Weibergestalten, die ernstlich miteinander redeten. Sie waren größer als die gewöhnlichen Menschen und hatten in ihrer überirdischen Schönheit zugleich etwas Furchtbares, das jedes Herz zurückschreckte. Ludwig wagte es nicht, ihr Gespräch zu unterbrechen; es war ihm, als sei er unter die homerischen Göttergestalten versetzt, als dürfe von keinen Gedanken die Rede sein, mit denen sich die Sterblichen unterhalten. Kleine possierliche Geister standen als Diener umher und warteten aufmerksam auf den ersten Wink, um plötzlich ihre ruhige Stellung zu verlassen; sie betrachteten den Fremdling und sahen sich dann untereinander mit spöttischen, bedeutungsvollen Mienen an. Die Frauen hörten endlich auf zu sprechen und winkten Ludwig zu sich heran, der noch immer verlegen dastand; er näherte sich zitternd.

„Sei unbesorgt!", sagte die Schönste von ihnen, „du bist uns hier willkommen und wir haben dich schon seit lange erwartet; du hast dich immer in unsre Wohnung gewünscht, bist du nun zufrieden?"

„O wie unaussprechlich glücklich bin ich!", rief Ludwig aus, „alle meine kühnsten Träume sind in Erfüllung gegangen, meine frechsten Wünsche stehn jetzt vor mir, ja ich bin, ich lebe in ihnen. Wie es zugegangen ist, kann ich selber noch nicht begreifen, aber genug, dass es so ist; warum soll ich über dieses Rätselhafte schon eine neue Klage führen, da kaum meine ehemaligen Klagen geendigt sind!"

„Ist dieses Leben", fragte die Dame, „sehr von deinem vorigen verschieden?"

„Des vorigen Lebens", sagte Ludwig, „kann ich mich kaum noch erinnern. Ist mir doch dieses jetzige goldene Dasein geworden! nach dem alle meine Sinne, alle meine Ahndungen so brünstig strebten, wonach alle Wünsche flogen, was ich mit meiner Phantasie erfassen wollte, mit meinen innersten Gedanken erringen; aber immer blieb das Bild fremde stehen, wie in Nebel eingehüllt. Und es ist mir nun endlich doch gelungen? Hab ich dies neue Dasein gewonnen und hält es mich umfangen? – O verzeiht mir, ich weiß in der Trunkenheit nicht, was ich spreche, und sollte meine Worte freilich in einer solchen Versammlung genauer abwägen."

Die Dame winkte und alle Diener waren sogleich geschäftig; auf allen Bäumen regte es sich, allenthalben lief es und kam, und in weniger als einem Augenblicke stand eine Mahlzeit schöner Früchte und süßduftender Weine vor Ludwig da. Er setzte sich nieder und Musik erklang von neuem, und um ihn drehten sich in schöngeschlungenen Reihen Jünglinge und Mädchen, und ungestaltete Kobolde belebten den Tanz und erweckten mit ihren Possen lautes Gelächter. Ludwig gab auf jeden Ton, auf jede Gebärde acht; er fühlte sich neugeboren, da er in dieses freudenvolle Leben eingeweiht ward. „Warum", dachte er bei sich, „werden nur unsre Träume und Hoffnungen so oft verlacht, da sie sich doch weit früher erfüllen, als man jemals vermuten konnte? Wo steht denn nun die Grenzsäule zwischen Wahrheit und Irrtum, die die Sterblichen immer mit so verwegenen Händen aufrichten wollen? O ich hätte in meinem ehemaligen Leben nur noch öfter irren sollen, so wäre ich vielleicht früher für diese Seligkeit reif geworden."

Die Tänze verschwanden, die Sonne ging unter, die ehrwürdigen Frauen erhoben sich. Ludwig stand ebenfalls auf und begleitete sie auf ihrem Spaziergange durch den stillen Garten. Die Nachtigallen klagten mit gedämpfter Stimme und ein wunderbarer Mond zog herauf. Die Blüten taten sich dem silbernen Scheine auf und alle Blätter wurden vom Mondglanze angezündet, die weiten Gänge erglühten und warfen seltsame grüne Schatten, rote Wolken schliefen auf den fernen Gefilden im grünen Grase, die Springbrunnen waren golden und spielten hoch in den klaren Himmel hinein.

„Jetzt wirst du schlafen wollen", sagte die schönste unter den Frauen und wies dem entzückten Wanderer eine dunkle Laube, die mit bequemen Rasen und weichen Polstern belegt war. Dann verließen sie ihn und er blieb allein. Er setzte sich nieder und bemerkte den magischen Dämmerschein, der sich durch das dichtverschlungene Laub brach. „Wie wunderlich!", sagte er zu sich selber, „dass ich jetzt vielleicht nur schlafe und es mir dann träumen kann, ich schliefe zum zweiten

Male ein und hätte einen Traum im Traume, bis es so in die Unendlichkeit fortginge und keine menschliche Gewalt mich nachher munter machen könnte. Aber, ich Ungläubiger! die schöne Wirklichkeit ist es, die mich beseligt, und mein voriger Zustand ist vielleicht nur ein schwermütiger Traum gewesen."

Er legte sich nieder und Lüftchen spielten um ihn; Wohlgerüche gaukelten und kleine Vögel sangen Schlaflieder. Im Traume dünkte ihm, als sei der Garten umher verändert, die großen Bäume waren abgestorben, der goldene Mond war aus dem Himmel herausgefallen und hatte eine trübe Lücke zurückgelassen; aus den Springbrunnen sprudelten statt des Wasserstrahls kleine Genien hervor, die sich in der Luft übereinanderwarfen und die seltsamsten Stellungen bildeten; statt der Gesänge durchschnitten Jammertöne die Luft, und jede Spur des glückseligen Aufenthalts war verschwunden. Ludwig erwachte unter bangen Empfindungen und schalt auf sich selbst, dass seine Phantasie noch die verkehrte Gewohnheit der Erdbewohner habe, alle empfangenen Gestalten barock und wild zu vermischen und sie uns so im Traume wieder vorzuführen.

Ein lieblicher Morgen zog herauf und die Frauen begrüßten ihn wieder. Er sprach mit ihnen beherzter und war heut mehr gestimmt, fröhlich zu sein, weil ihn die umgebende Welt nicht mehr so sehr in Erstaunen setzte. Er betrachtete den Garten und den Palast, und sättigte sich mit der Pracht und dem Wunderbaren, das er dort antraf. So lebte er mehrere Tage glücklich, und glaubte, dass sein Glück nie höher steigen könne. Zuweilen war es, als wenn ein Hahnengeschrei in der Nähe erschallte, dann erzitterte der ganze Palast und seine Begleiterinnen wurden bleich; es geschah gewöhnlich des Abends und man legte sich bald darauf schlafen. Dann kam wohl ein Gedanke an die vergessene Erde in die Seele Ludwigs, dann lehnte er sich manchmal weit aus den Fenstern des glänzenden Palastes heraus, um die flüchtigen Erinnerungen festzuhalten, um die Landstraße wiederzufinden, die nach seinen Gedanken dort vorübergehn musste. In dieser Stimmung war er an einem Nachmittage allein und bedachte, wie es ihm jetzt ebenso unmöglich falle, sich der Welt deutlich zu entsinnen, als er ehemals diesen poetischen Aufenthalt habe erahnden können, da war es, als wenn ein Posthorn in der Ferne ertönte, als wenn er die rasselnde Bewegung eines Wagens vernähme. „Wie sonderbar", sagte er zu sich, „fällt jetzt ein Schimmer, eine leise Erinnerung der Erde in meine Freuden hinein, die mich wehmütig macht. Fehlt mir denn hier etwas? Ist mein Glück noch unvollendet?"

Die Frauen kamen zurück. „Was wünschest du dir?", fragten sie besorgt, „du scheinst betrübt." „Ihr werdet lachen", antwortete Ludwig, „allein gewährt mir dennoch meine Bitte. Ich hatte in jenem Leben einen Freund, dessen ich mich kaum noch dunkel erinnere; er ist krank, soviel ich weiß; macht ihn durch eure Kunst gesund." – „Dein Wunsch ist schon erfüllt", sagten sie.

„Aber", sagte Ludwig, „vergönnt mir noch zwei Fragen."

„Rede."

„Fällt kein Schimmer der Liebe in diese wundervolle Welt hinein? Geht keine Freundschaft unter diesen Lauben? Ich dachte, jenes Morgenrot der Frühlingsliebe würde hier ewig dauern, das in jenem Leben nur gar zu schnell erlischt und von dem die Menschen dann nachher als wie von einem Fabelwerke sprechen. Dass ich es euch gestehe, ich fühle nach diesen Empfindungen eine unbeschreibliche Sehnsucht."

„Du sehnst dich also nach der Erde zurück?"

„Nimmermehr!", rief Ludwig aus; „denn schon in jener kalten Erde schnte ich mich nach Freundschaft und Liebe, und sie kamen mir nicht näher. Der Wunsch nach diesen Gefühlen musste mir die Gefühle selber ersetzen, und darum trachtete ich darnach, hier zu landen, um hier alles in der schönsten Vereinigung anzutreffen."

„Tor!", sagte die ehrwürdige Frau, „so hast du dich ja auf der Erde nach der Erde gesehnt, und nicht gewusst, was du tatest, da du dich hieher wünschtest; du hast deine Wünsche überschrien und deinen menschlichen Empfindungen Phantasien untergeschoben."

„Aber wer seid ihr?", rief Ludwig bestürzt.

„Wir sind die alten Feen", sagten jene, „von denen du schon seit lange wirst gehört haben. Sehnst du dich heftig in die Erde zurück, so wirst du dorthin zurückkommen. Unser Reich blüht empor, wenn die Sterblichen ihre Nacht bekommen, ihr Tag ist unsre Nacht. Unsre Herrschaft ist seit lange und wird noch lange bleiben; sie steht unsichtbar unter den Menschen; nur dir ward es vergönnt, uns mit Augen zu sehn."

Sie wandte sich um, und Ludwig erinnerte sich, dass es dieselbe Gestalt war, die ihn unwiderstehlich in der frühen Jugend nachgezogen hatte und vor der er ein heimliches Entsetzen hegte. Er folgte ihr auch jetzt und rief: „Nein! ich will nicht zur Erde zurück! ich will hier bleiben!" – „So erriet ich also", sagte er zu sich selber, „schon in meiner Kindheit diese hohe Gestalt? So mag die Auflösung zu manchem Rätsel noch in uns liegen, das wir zu erforschen zu träge sind."

Er ging viel weiter, als er gewöhnlich zu tun pflegte, so dass der Feengarten schon weit hinter ihm lag. Er stand in einem romantischen Gebirge, wo Efeu wild und lockig die Felsenwände hinaufgewachsen war; Klippen waren auf Klippen getürmt und Furchtbarkeit und Größe schienen dieses Reich zu beherrschen. Da kam ein fremder Wandrer auf ihn zu und grüßte ihn freundlich und redete ihn so an: „Es ist mir lieb, dass ich dich nun doch wiedersehe." – „Ich kenne dich nicht", sagte Ludwig. – „Das kann wohl sein", antwortete jener, „aber du glaubtest mich sonst einmal recht gut zu kennen. Ich bin dein krankgewesener Freund."

„Unmöglich! Du bist mir ganz fremde!"

„Bloß deswegen", sagte der Fremde, „weil du mich heut zum erstenmal in meiner wahren Gestalt siehst; bisher fandest du nur dich selber in mir wieder. Du tust auch darum recht, hier zu bleiben, denn es gibt keine Freundschaft, es gibt keine Liebe, hier nicht, wo alle Täuschung niederfällt."

Ludwig setzte sich nieder und weinte.

„Was ist dir?", fragte der Fremde.

„Dass du der Freund meiner Jugend sein sollst", antwortete Ludwig, „ist das nicht kläglich genug? O komm mit mir zu unsrer lieben, lieben Erde zurück, wo wir uns unter täuschenden Formen wiedererkennen, wo es den Aberglauben der Freundschaft gibt. Was soll ich hier?"

„Was hilft es?", antwortete der Fremde. „Du wirst doch sogleich wieder zurück wollen, die Erde ist dir nun nicht glänzend genug, die Blumen sind dir zu klein, die Gesänge zu unterdrückt. Die Farben können sich aus den Schatten nicht so hell hervorarbeiten, die Blumen gewähren nur kleinen Trost und verwelken schnell, die Singevögel denken an ihren Tod und singen bescheiden: hier aber geht alles ins Große."

„O ich will mich zufrieden stellen", rief Ludwig unter heftigen Tränengüssen aus, „nur komm wieder mit mir zurück und sei mein voriger Freund, lass uns diese Wüste, dieses glänzende Elend verlassen." Indem schlug er die Augen auf, weil ihn jemand heftig rüttelte. Neben ihn neigte sich das freundliche, aber blasse Angesicht seines kranken Freundes. – „Bist du doch gestorben?", rief Ludwig aus.

„Gesund geworden bin ich, du böser Schläfer", antwortete jener. „Besuchst du so deine kranken Freunde? Komm mit mir, mein Wagen hält dort und es zieht ein Gewitter herauf."

Ludwig richtete sich empor. Er war im Schlafe von dem Baumstamm heruntergesunken, der aufgeschlagene Brief seines Freundes lag neben ihm. „So bin ich wirklich wieder auf der Erde?", rief er freudig aus. „Wirklich? und es ist kein neuer Traum?"

„Du wirst ihr nicht entgehn", antwortete der Kranke lächelnd, und beide schlossen sich herzlich in die Arme. „Wie glücklich bin ich", sagte Ludwig, „dass ich dich wiederhabe, dass ich empfinde wie sonst und dass du wieder gesund bist."

„Plötzlich", antwortete der kranke Freund, „ward ich krank und ebenso plötzlich wieder gesund; ich wollte daher den Schrecken, den dir mein Brief muss gemacht haben, wieder vergüten und zu dir reisen; auf dem halben Wege finde ich dich hier schlafend."

„Ach! ich verdiene deine Liebe gar nicht", sagte Ludwig.

„Warum?"

„Weil ich soeben an deiner Freundschaft zweifelte."

„Doch nur im Schlafe."

„Es wäre wunderlich genug", sagte Ludwig, „wenn es am Ende doch wirklich Feen gäbe."

„Sie sind gewiss", antwortete jener, „aber das sind nur Erdichtungen, dass sie ihre Freude daran haben, die

Menschen glücklich zu machen. Sie legen uns jene Wünsche ins Herz, die wir selber nicht kennen, jene übertriebene Forderungen, jene übermenschliche Lüsternheit nach übermenschlichen Gütern, dass wir nachher in einem schwermütigen Rausche die schöne Erde mit ihren herrlichen Gaben verachten."

Ludwig antwortete mit einem Händedruck. – –

Der Berliner Schriftsteller **Johann Ludwig Tieck** (1773-1853) hatte etliche berühmte Freunde. Mit Wilhelm Heinrich Wackenroder reiste er durch die Fränkische Schweiz und ins Fichtelgebirge. Mit den Brüdern August und Friedrich Schlegel, Clemens Brentano, Johann Gottlieb Fichte und Friedrich Wilhelm Joseph Schelling verband ihn die Liebe zu Volkssagen und Märchen. Sein Künstlerroman „Franz Sternbalds Wanderungen" (1798) beeinflusste die romantische Romanliteratur eines Novalis und Joseph von Eichendorff. Spätere Rezipienten bescheinigen ihm teils tiefsinnige, eigenständige Charakterzeichnungen, teilweise aber auch einen kitschigen, peinlichen Stil.

Ein Freund starb in der Nacht

Ein Freund starb in der Nacht.
Allein.
Die Gitter hielten Totenwacht.

Bald kommt der Herbst.

Es brennt, es brennt ein tiefes Weh.

Verlassenheit.

Seine Bücher wurden von den Nationalsozialisten als
„undeutsch" diffamiert und verbrannt: **Ernst Toller,** geboren
1893 in Samolschin, Provinz Posen, war nicht nur als
Schriftsteller des Expressionismus vor allem mit seinen Dramen
(„Masse Mensch" und „Hinkemann") hervorgetreten,
sondern auch als Protagonist der Münchner Räterepublik. Toller

war Kriegsfreiwilliger im 1. Kgl. Bay. Fuß-Artillerie-Regiment und wurde seiner Tapferkeit wegen ausgezeichnet. In dieser Zeit schrieb er seine ersten Gedichte gegen den Krieg. 1932 emigrierte er zunächst in die Schweiz, später in die USA, wo er 1939 Suizid beging. Zu Tollers Freunden zählten Thomas Mann, Rainer Maria Rilke und Max Weber.

Textnachweis

Augustinus: Confessiones Buch 6,14; Übersetzung: Elke Rutzenhöfer

Cicero: Laelius. Über die Freundschaft. T. Pomponius Atticus gewidmet. VI, 20-22 (Auszüge); Übersetzung: Elke Rutzenhöfer

Matthias Claudius: Der Wandsbecker Bothe - Kapitel 150. Von der Freundschaft

Anne Frank: Anne Frank Tagebuch. Einzig autorisierte und ergänzte Fassung Otto H. Frank und Mirjam Pressler. © 1991 by ANNE FRANK-Fonds, Basel. Alle Rechte vorbehalten S.Fischer Verlag GmbH, Frankfurt am Main

Adolph von Knigge: Über den Umgang mit Menschen, Sechstes Kapitel: Über den Umgang unter Freunden, 1.8.9.11.13.21.22, 1788

Else Lasker-Schüler: Werke und Briefe. Kritische Ausgabe, hg. von Norbert Oellers u.a., Bd 1: Die Gedichte, FfM 1996

Michel de Montaigne, Von der Freundschaft, aus Essais 1580ff; Übersetzung: Herbert Lüthy, c 1953 Manesse Verlag Zürich

Friedrich Nietzsche: Menschliches, Allzumenschliches. Erster Band. Unter Freunden. Ein Nachspiel

Charlotte von Schiller, aus: Briefe der Freunde, hg. von Ernst von Schenck, Stuttgart 1949

Friedrich von Schiller: Aus den Briefen Julius' an Raphael, einem noch ungedruckten Roman

Adalbert Stifter aus: Große Deutsche in Briefen an ihre Freunde, hg. von Wolfdietrich Rasch, Jena 1936

Henry D. Thoreau: Über die Freundschaft, Aschaffenburg 1946

Ludwig Tieck, Werke in vier Bänden; nach dem Text der Schriften von 1828 bis 1854, herausgegeben von Marianne Thalmann, Band I, Winkler Verlag München

Ernst Toller: Gesammelte Werke, hg. von John M. Spalek und Wolfgang Frühwald, Bd. 2, Frankfurt/ Main 1980

Bibliografische Information der Deutschen Nationalbibliothek.

Die Deutsche Nationalbibliothek verzeichnet diese Publikation in der Deutschen Nationalbibliografie; detaillierte bibliografische Daten sind im Internet über http://dnb.d-nb.de abrufbar.

Lektorat Elke Rutzenhöfer

Gestaltung und Satz Kristin Kamprad, Ellina Hartlaub, Hansisches Druck- und Verlagshaus GmbH

Umschlagfoto Fridholm/Johner/plainpicture

Druck und Bindung CPI books GmbH, Leck

© Hansisches Druck- und Verlagshaus GmbH, Frankfurt am Main 2015
Alle Rechte vorbehalten. Das Werk einschließlich seiner Teile ist urheberrechtlich geschützt. Jede Nutzung außerhalb der Grenzen des Urheberrechts ist ohne schriftliche Einwilligung des Verlags unzulässig.

ISBN 978-3-86921-272-2